恐怖箱

# 霊山

加藤　一
編著



竹書房
怪談
文庫

※本書に登場する人物名は、様々な事情を考慮してすべて仮名にしてあります。また、作中に登場する体験者の記憶と体験当時の世相を鑑み、極力当時の様相を再現するよう心がけています。現代においては若干耳慣れない言葉・表記が登場する場合がありますが、これらは差別・侮蔑を意図する考えに基づくものではありません。

# 巻頭言

## 箱詰め職人からの御挨拶

加藤 一

本書『恐怖箱 霊山』は、山に因んだ怪談集である。

日本人一億二千万人の七割が暮らしているのは、日本の国土の三割にも満たない平地、都市部なのだそうで、残りの三割は国土の七割に及ぶ山地、都市ではない地方にいる、ということになっている。しかし、実際には七割の山地に満遍《まんべん》なく三割の人が住んでいる訳ではない。スマホの電波が入るからと言って、Ｇｏｏｇｌｅマップである程度見渡せるからと言って、或いは直線距離なら人里までさほど離れていないはずだからと言って、必ずしも何の脅威もない安全な場所であるとは限らない。その大部分は、野生動物や険しい地形、厳しい自然環境に覆われた、人を寄せ付けない緑の魔境なのであって、我々が「山」と思っている場所は里山の裾野や、整備された遊歩道、登山道に沿った極一部でしかない。

我々——現代人は、科学で全て解明できていると考えがちである。然《さ》もあらん。多くの場所はそうなのだろう。だが、未だ足を踏み入れる人のない場所の全てを、我々は本当に熟知していると言えるのか。森の梢の上に、笹藪に覆われた谷底に、稜線の両脇に、人のいない闇の奥の奥、人でない何かの坐《まし》ます場所に、あなたはこれから踏み入ることになる。

# 目次

# 山びこ

山の頂上で峰々に向かって叫んだ。

「おーい！」

山びこを期待して耳を澄ますと、返事が返ってきた。

『はーい！』

# 飛騨の警察医

富山県で医師をしていた長門さんは、警察医も引き受けていた。

警察医とは、主に死因不明の遺体を調べてその死因を医学的に判断し、異状が認められない場合は死体検案書を作成する医師のことである。

多くの場合、在宅で変死された方の検案が多いのだが、県の南方に飛騨山脈を有している富山県であるので、山で亡くなられた方の検案も少なくなかった。

「大体の場合、既に山岳警備隊が検視をしているからね。僕はそれを確認して検案書を書くだけなんだが」

もちろん、不審な点＝事件性があれば刑事課が担当し、御遺体も大学病院で司法解剖される。

「ただの転落死かと思ったら、誰かに殴られて突き落とされていたみたいなケースだね」

過去の事件性があった例を振り返る。それでも監察医送りのケースは数える程しかなかった。

ある暑い夏の日に、検案の依頼が入った――。

「山小屋で心肺停止の高齢の男性が発見された」よくあるケースであった。登山が趣味の高齢者となると、心臓病などの持病の発作が起きることがあるだろう。

「あれ？」

到着した山小屋に安置されている御遺体の検分をしていた長門医師が首を傾げた。

「どうでしょうか、先生」

「ちょ、ちょっと待って」

事前に検視をした山岳警備隊員が神妙な顔で声を掛けると、長門医師もまた緊張した面持ちで御遺体に向き直る。

（ない……おかしいな）

失血による心停止――それが死因だった。しかし、あるはずのものがない。

「外傷がないし、吐血や下血の跡がない」

人は血液の三分の一を失うと死に至ると言われている。外傷がなければ吐血と下血の可能性があるが、何処にも血痕がなかった。

「後は内出血だけど……」

死に至る内出血だとしたら内臓破裂くらいか。しかしそれは想像できない程の痛みを伴う訳で。

「こんな夢見の良さそうな顔にならんよなぁ」

そう呟くくらい、亡くなった老人の死に顔は安らかであった。

改めて遺体と向き合った長門医師が、御遺体の口を開けて咽頭までの様子を検分しようとしたときだった。

「はぁっ」

思わず声が詰まった。

「し……舌がない」

舌癌《ぜつがん》で舌を切除するケースもある。しかし、長門医師が見たそれは手術痕ではなく、まさしく千切られた直後の生々しい傷跡だった。

「だっておかしいだろう？」

御遺体は監察医に送られたが検案内容は同じだった。

「失血部位は舌だった。では失った血液は何処に行った？　そもそも何が彼の舌を千切ったんだ?」

分からなかった。

老人の死は病死として処理されたという。

# ハナタケ

「自分、猫とエリンギが苦手でして」

　山にまつわる怪談を聞かせてくれるはずの奈須氏が最初に口にしたのは、何故か小動物と茸《きのこ》の名前だった。

「その切っ掛けが、何だったんだろうあれって話でして」

　彼が中学生だった頃の、ゴールデンウィークのとある一日。クラスハイキングと称した山登りに参加することになった。親睦を深めるために学級の担任が企画したイベントで、出席日数には換算されなかったのに、殆《ほとん》どの生徒が参加していたと奈須氏は記憶する。

　時代は昭和。まだまだ娯楽の少なかったことが、参加率の高さの理由であろう。

　目指したのは、神奈川県丹沢《たんざわ》周辺の山であったという。

「あの頃の自分は、一匹狼を気取っていましてね」

　だったら山登りなどサボれば良かったものの、家にいてもすることなどなく参加したが、わいわいと楽しそうにしているクラスメイトからは距離を置いて、奈須少年は一人勝手気ままに、だらだらと散策しながら最後尾を歩いていた。

拾った小枝で、山道沿いに生い茂る雑草をなぎ倒しながら進んでいく。木々の葉の緑が圧倒的に支配する視界に、ふと異なった色彩が飛び込んできた。

ざらざらとした木肌の大木の根元に、白色の茸が密生している。小さいものは小指程度、大きいものは缶ジュースほどの、傘は薄く殆ど目立たないずんぐりとした円柱形。小枝で突いてみると、すべすべとした表面は意外に弾力がある。

湧き上がった破壊衝動に抗えず、助走を付けてジャンプをし、茸を思い切り踏みつけた。

パフッ、と小さな破裂音が聞こえたかと思うと、真っ白な粉が一気に足元から巻き上がる。

「胞子の類だろうと思うんですけれど、煙幕かという勢いで」

防ぐ間もなく、奈須少年はそれを大量に吸い込んでしまった。無味無臭であったが、粉っぽさを感じるうえに茸から反撃を食らった気がして不快になる。茸の癖に生意気だと、パックリと頭が割れた茸を怒りに任せて根こそぎ蹴とばす。とどめだとばかりに全体重を掛けて踏みつけた際、「ミィー」という子猫が鳴くような音が聞こえたが、

「スニーカーの底のゴムが擦れたんだろう、くらいにしか思わなくって」

ハイキングの終わりには、この一連の出来事はすっかり忘れていたと奈須氏はいう。

数日後、体調に異変を感じるようになった際も、当初は風邪を引いたのだろうと思っていた。とにかく鼻水がやたら出る。水のように透明の液状だった鼻水が、黄色く臭いどろどろとした粘液に変わり、常に鼻の奥にゴロゴロと違和感がある。

そんな症状が一週間ほど続いた。どうしようもなく不快なゴロゴロを何とか払拭《ふっしょく》したくて、強く鼻をかんだところ、

「白い碁石みたいな、でも石とは違ってぶよぶよした物体が、鼻の奥から出てきたんです」

丁度自宅には「家庭の医学」的な書籍があり、調べてみたところ「鼻茸《はなたけ》」という慢性副鼻腔炎によって鼻の奥にできるポリープに、症状がよく似ていた。

「茸」の文字に、ハイキングの山中で踏みつけた白い茸を思い出し、怖くなって母親に医者に連れて行ってもらったが、肝心の鼻から出てきた異物は薄気味悪くて捨ててしまっていたので、詳しくは分からず、

「鼻茸ができるほど炎症は起こしていないけどねぇ」

と、医者は首を捻《ひね》るばかりだった。

茸の胞子を吸い込んだことが原因ではないのかと訊ねると、

「そんな症例は滅多にないけどね」

医者は笑いながらも鼻のレントゲンを撮ってくれて、肺も調べてもらえるよう大病院も

紹介してくれたが、異常は見られなかった。

暫《しばら》くは調子よく過ごしていた奈須少年だったが、夏休み辺りからまた具合が悪くなってきた。どうしようもない倦怠《けんたい》感、というより世の中全てに絶望を覚える厭世《えんせい》観に襲われ、「いっそこの世から消えてしまいたい」とまで考えるようになった。

新学期を迎えても、とても学校に通える状態ではなかった。おまけに動けなくなるほどの、酷い頭痛にも襲われた。いや頭痛というよりも、痛みは眉間《みけん》、特に鼻のつけ根に強く感じる。

もしやと思い立ち、全身の力を込めて鼻をかむと、何かがごろりと鼻の奥で動いたかに思えた。また鼻茸ができたのか。うっとうしい。吹き飛ばしてやるぞともう一度、

「ふんっ」

と、声に出し、鼓膜《こまく》が破れるかという勢いで鼻をかむ。すると――。

ぼこんと音を立てて、鼻から何かがずるりと流れ出た。一体何がとティッシュに目を落とした瞬間、

「うわぁっ」

驚きの余り、声を上げて投げ捨てた。

ティッシュの上で、卵大ほどの白い円柱状の物体がうねうねと蠢《うごめ》いている。あの日、木

おたまじゃくしの根元に生えていた白い茸によく似ている。だが、鼻から出たそれには、ピロピロと生えていたものが、カエルに変化する過程で見られるような小さな手足に似たものが、ティッシュごとトイレに投げた。視界に入れるのも悍《おぞ》ましい。震える手でひっつかむと、ティッシュごとトイレに投げ入れ、水洗のレバーを回す。すると、

「ミィィー」

便器の中から、それが発したであろう甲高《かんだか》い鳴き声が聞こえてきた。

「ミィィィー」

水の渦に吸い込まれていく、捨てられた子猫のような切なげな声。

もちろん奈須少年は救いあげてやることなどせず、全てを流し去ってしまおうと何度もレバーを回し続けた。

その頃、自殺願望まで生まれてしまったことに関して、

「あの茸みたいな化け物に、脳を支配されていたような気がするんですよね」

と、奈須氏は回顧する。自分が自分じゃないようであったと。

ところで、現在ではスーパーなどで通年店頭に並んでいる茸「エリンギ」が、日本で栽培、開発されて市場に出回るようになったのは一九九〇年代以降である。

奈須氏がエリンギを初めて見たのは成人後。一目見て「あのときの茸だ」と、中学生時

代の恐怖体験を思い出し震えたという。

「また、脳を支配されそうな気がして」

エリンギと猫とは距離を置きたいという、奈須氏であった。

# 一休み

東北地方に住む二十代の男性から聞いた話だ。

ある夏、彼女と地元の山を登った。

登頂を目標としていたが、思いのほか彼女が疲れ果て、結局は六合目で引き返すことにした。

下りになっても彼女の疲労は増すばかりで、彼は「ちょっと、ここで腰掛けようか」と目に付いた岩場を指差した。

「え！　嫌よ！　何でお墓に腰掛けなくちゃいけないのよ！」

彼女の言葉にギョッとして、彼は改めて岩場を見た。

しかし、どう考えてもそれらは墓の様相を保っておらず、ただのゴツゴツとした岩の一群に見える。

「お墓？　あれってお墓なの？」

自分の認識不足なのかもしれないと思い、そう訊いた。

「何言ってるのよ、名前だって書いてあるじゃないの……」

彼はまだ噛み合わない会話に首を傾げながら岩場に近付いた。

墓碑銘と勘違いしそうな部分が何処かにあるのだろうか。

いや、ない。

「駄目！　お墓から離れて！」

「え？」

彼女に向き直ると同時に、肩をむんずと掴まれ身体が後ろに倒れた。

咄嗟《とっさ》に腕で頭を守ったが、腕と腰の骨が岩に当たるガツンという衝撃があった。

「走って！　逃げよう！」


二人はできる限り駆けるように下山した。

あれほど「疲れた、だるい」と不平を漏らしていた彼女の健脚に彼は驚いた。

# 山にすむもの

真紀さんは二十代前半の頃、時間を見つけては山へ出かけた。

本格的な登山ではない。一人で山の中をひたすら歩く。歩きやすい道ではなく、獣道に近い場所を選んだ。いつも頭に登山用のライトを点け、無言で歩く。

当時を振り返ると、どうかしていたと思われても仕方ない入れ込み方だった。


ある年の、とても寒い日のことだ。

その日も彼女は、山へ出かけた。寒い辛いと思うほど、やる気が湧いてくる。黙々と歩いているうちに、自分の現在地が分からなくなった。

一度戻ろうか迷っていると、彼女から少し離れた場所に犬がいる。彼女のほうをじっと見ていた。毛色は元々白と黒が混じっているのだと思う。抜けた毛がそのまま毛玉のようになっていた。人に慣れている様子はない。

（まるで狼みたいだな）

真紀さんは動物が好きで、ペットショップで勤務した経験がある。

犬は彼女に背を向けると、少し進んでから止まった。彼女のほうを振り返ると、また進む。案内されている気がする。真紀さんはその犬の後についていくことにした。一定の距離を保ちつつ歩いているうちに、最初に山に入ったポイントに出ていた。

(あの犬が、私を助けてくれたに違いない)

あれは山の神様か何か、とても素晴らしいものだ。

真紀さんは山歩きに、更にのめり込んだ。

それから何度も、時間があればあの山へ行った。また迷うことはなく、あの犬に会うこともない。

(簡単に会えるものではないのだ。もっと頑張ろう)

気持ちは前向きだが、その日に限って足が重くなった。疲れている感覚はない。

腰を下ろせる場所を見つけると、座って休むことにした。山の景色を眺めていると少し楽になった。

「今日は、もう帰ろう」

そう思ったとき、声を掛けられた。

「こんにちは」

年配の男性が真紀さんの隣に座り込んだ。

人を避け、山道も外れて歩く彼女が、誰かに話しかけられることはない。

男性は荷物を持っておらず、服装も部屋着に近かった。馴れ馴れしい口調で話しかけてくる。

「すみません。私はそろそろ……」

真紀さんがその場を離れようとすると、男性は彼女を引き留めた。

――ずっとここで、一緒にいてくれないか。

すぐそこに家があるからと男は言うが、この辺に民家はなかったと思う。

身の危険を感じた。


「あら、真紀ちゃん。こんにちは」

聞き覚えのある声がした。年配の男女二人組が近くに立っている。すぐに実家の近所に住んでいた御夫婦だと気が付いた。この二人とはもう長い間会っていない。久しぶりの再会。こんな偶然があるのかと驚いた。

奥さんが「一緒に帰りましょうよ」と、彼女を男性から遠ざけた。そして無事に山を下りることができた。

真紀さんの車を駐めてある場所まで一緒に行くと、御夫婦は自分達の車が向こうに駐めてあるからとその場を去った。


後日。あのときのお礼をと思い、実家を訪ねた。

「え、あの御夫婦ならもう何年か前に亡くなったわよ」

夫が癌で亡くなると、その後を追うように妻も癌で逝った。

「所有していた山の土地を売って、すぐに死んじゃったのよね」

その山が寺か神社、そういったものと関係していた。当時、真紀さんはよく分かってもいないのに「売らないほうがいいのではないか」と言っていた覚えがある。

母に具体的な山の場所を訊いたが、通っていた山とは関係がなかった。

何故あのとき助けてくれたのが、その御夫婦だったのかは分からない。

# 重い荷物

　大学生になった園田さんは、ワンダーフォーゲルのサークルに入った。

　山登りは好きだが、登山部はきつそうだ。噂によると、冬山登山の前には地獄の特訓があるらしい。そう聞いた時点で、登山部は候補から消えた。

　その点、ワンダーフォーゲルのサークルは園田さんの希望通りである。登るのは夏山だけで、冬の登山はない。それ以外の活動も、ボートの川下りや山道のサイクリングなど、基本的に楽しむことが優先だ。トレーニングはやるが、楽しく活動するのが目的だ。筋肉と持久力は遊ぶためにあるというのがモットーのサークルだった。

　園田さんも、サークル活動やアルバイトがない日は、近くの山で自主トレに励んだ。

　行うのは歩荷《ぼっか》トレーニング。重い荷物を背負って山道を歩くだけだが、実際に使う筋肉や体幹が鍛えられる上に、持久力も養成される。

　大学に入って二年目の春、いつもは単独で行うトレーニングに仲間が増えた。

　小柳という男子学生で、サークルの新入部員である。山歩きの経験が皆無だという小柳を案じ、園田さんが誘ったのだ。

約束の日、小柳は真新しいバックパックを背負って現れた。本格的な仕様の高額な代物である。高校生の頃、アルバイトして買った自慢の一品とのことだ。

それほど自慢するにも拘らず、今日初めて使うのだという。理由を訊くと、小柳は複雑な表情で答えた。

「山登りというか、山に入っちゃ駄目な家庭だったんです」

小柳の実家は、北陸地方の田舎にある。山菜が豊富なせいか、住民の多くは幼少の頃から里山に親しんできた。

そんな環境だが、小柳家の一族だけは里山に入らなかった。何処までを山とするのか、例えば麓《ふもと》でも駄目なのか分からないため、近付くことさえなかった。

入らなかったのは里山だけではない。どんな山だろうと入ってはならないとされていたため、目的地によっては遠足すら休まされた。

山に入ってはならない理由を訊くと、祖父が苦い表情で教えてくれた。

小柳家は先祖が禁忌を犯したため、山の神様に嫌われているのだという。誰が何をして嫌われたのかは教えてくれなかった。

無視して山に登った者は、何かに取り憑かれるそうだ。

幼い頃は怖さが勝っていたが、成長に伴い、押しつけられた決まり事に反発を覚えるようになってきた。

「大学生になったら、絶対に山に登ってやるって決めてたんです。で、まずはこれを買って、気分を味わってました」

唐突に打ち明けられた因縁話に反応できず、園田さんは曖昧《あいまい》に微笑《ほほえ》みながらトレーニングの準備を始めた。

折り畳み式のポリ容器に水を入れていく。二リットル入る容器を十五個用意した。

小柳には五個、園田さんは十個だ。小柳のバックパックは本格的な登山用なだけに、五個全てと食料を入れてもかなり余裕があった。

もっと入れて欲しそうだったが、小柳は山歩きの初心者である。無理は禁物だ。それでも小柳はかなり嬉しいらしく、バックパックの重さを笑顔で確かめている。

向かうのは、園田さんが暮らしている学生マンションから歩いて十分の山。何処にでもある、何の特徴もない低山だ。

マンションの避難階段を昇り降りしても訓練にはなるのだが、小柳のために山にしたのだ。

案の定、小柳は山が近付くにつれ、見るからに興奮し始めた。よほど嬉しかったのか、目を潤ませている。

登山道と呼ぶのもおこがましい緩い傾斜を上がっていく。先頭を任された小柳は、あちこちを見ながら鼻歌交じりで登っていく。

これが本当のおのぼりさんだと笑いながら、園田さんは後に続いた。

暫くして、園田さんは妙なことに気付いた。

小柳のバックパックが動くのだ。五個のポリ容器は、しっかりとロープで纏《まと》めてあるが、歩いているうちに緩んだのかもしれない。呼び止めようとした途端、バックパックの口から細い腕が突き出された。

白くて細い腕は、御丁寧に爪が赤く塗られている。それがやけに目に付いた。

唖然として見つめる園田さんに気付かず、小柳は軽やかに登っていく。

バックパックから飛び出した腕は、踊るように動いている。赤く彩られた爪がひらひらと舞う。

何と言って呼び止めれば良いか思いつかない。結局そのまま頂上に着いてしまった。着く寸前、腕はバックパックの中に消えた。

予定では、軽く食事を摂ることになっている。

小柳がバックパックを開けた。園田さんは思わず身構えたが、中には食料とポリ容器しか入っていなかった。

さっきの腕は何だったのか。幻覚とか見間違いではない。しっかりと動いていた。

小柳の話に出てきた、何かに取り憑かれるというのは、これのことか。そう考えると、園田さんは無性に怖くなってきたという。

下手に身構えると、腕の主に何かされるかもしれない。徹底的に無視しようと決めて、園田さんはその日を過ごした。

小柳は帰り道でも上機嫌を崩さなかった。足パンパンですよなどと楽しげに笑う。バックパックからは再び腕が突き出している。

どうすることもできず、園田さんは小柳を見送った。小柳の背でバックパックが揺れる。腕も揺れている。

まるで園田さんに別れを告げるように大きく揺れていた。

山の楽しさを知った小柳は、学業そっちのけでサークル活動に励んだ。自主トレーニングも欠かさない。

園田さんとともに行った歩荷トレーニングが性に合ったらしく、あちこちの山に出かけていく。

そしてその都度、新たな何かをバックパックに詰めて帰ってくる。

最初のと同じような細い腕、毛だらけの太い腕、殆ど骨と皮だけの腕、多いときには五、六本の腕が蛸《たこ》の足のように蠢いていた。

サークルに入って半年が過ぎ、小柳は大学よりも山にいるほうが長くなってきた。見た目もすっかり変わった。以前は清潔感溢れる優男《やさおとこ》だったが、今では無精髭《ひげ》の不審者だ。何処に行くにも、それこそ授業中ですらバックパックを担いだままだ。小柳は、そこから伸びる腕を自らの首に巻きつかせ、のそのそと歩いている。

# 山の声 —— 奇譚ルポルタージュ

司さんは電子機器関係の営業職に就いて、二年目を迎えた。

大学の友人の影響でキャンプが趣味になり、社会人になった今も続けている。

最初はグループキャンプが多かったが、世界的な疫病の流行でソロでの行動が増えた。


社会人一年目の頃、五月後半辺りだった。

その頃、仕事にも人間関係にも倦《う》んでいた。所謂《いわゆる》、五月病だったのかもしれない。

だから、気分転換として土曜日にソロキャンプへ出かけた。

スマートフォンで軽く検索し、近くもなく遠くもないキャンプ場を選んだ。詳しく調べる気力がなかったのだ。簡単に纏めた荷物を車に放り込み、出発したのは朝の十一時過ぎ。

キャンプ場に着いたのは午後一時を大きく回っていた。

初めて訪れるそのキャンプ場は、山野を切り開いて造られたものだ。

サイト区画は広く、開放感がある。遠くには、なだらかな山の稜線が横たわっていた。

場内には数グループ、或いは数名のソロのキャンパーの姿が確認できた。

よく晴れた空の下、駐めた自家用車の脇にテントを設営する。

程なくして整えられたタープの下で、一息吐《つ》いた。心地良い風景を眺めていると、心身に溜まった澱《おり》が流れ出すような気がした。

足元に置いた物を手に取ったとき、前のほうから〈司〉と呼ばれた。

覚えのない女性の声だった。

顔を上げた瞬間、強い光が目を射た。咄嗟に光の出元を探る。

遠くに青くそびえる山の中腹辺りで、何かが光っていた。

直視を避けつつ、呼び声の主を探したが誰もいない。

光が強さを増したような気がした。探るように目を凝らす。光源が何か分からない。比較物もなく、大きさも不明だ。巨大な鏡か、磨き抜かれた金属タンクが陽光を跳ね返しているような印象を受けた。

取り出したスマートフォンのカメラを向けズームしてみるが、ただ光がそこにあるだけだ。何が反射しているのかすら分からない。

他のキャンパーを振り返った。誰ひとり山のほうを向いていない。あれだけの強い光なのに、気付く者はいないようだ。

ふと、光の場所へ行きたくなった。

正体を確かめたいという気持ちもあるが、それ以外の欲求が強く突き上げてくる。喩《たと》えるなら、海の底から空気を求めて水面を目指す。そんな感覚だろうか。強い衝動。渇望と言い換えることができた。

そこへ行かないと、自分は死んでしまう——単純だが、この表現が感覚に一番近い。いても立ってもいられず、光がある山の中腹へ向けて駆け出した。キャンプ用具も車も放置していたが、そのときは一切頭になかった。

あったのは、目を捉えて離さない光のことだけだった。

あそこへ行く。行かないと、僕は死ぬ。ただそれだけが頭を支配していた。

ところが、走り始めてすぐ、光が一つ増えた。

最初の光の向かって左隣、少し距離が空いている。分裂したというより、何処からか急に現れたように感じた。大きさや輝きは隣の光より僅かに小さいように思う。

更に走り続けていると、今度は光が二つ現れた。強い二つの光の間に横並びだ。二番目のものより明らかに小さく、光り具合も弱い。

一体、どういう現象なのだ。そう思った瞬間、全て姿を消した。

ふつり、と音を立てそうな消え方だった。

途端に両足が萎え、そのまま前に転んだ。顔や胸が激しく草地に叩きつけられた。

痛みの中、身体を起こす。他のキャンパーらがじっとこちらを見つめていた。平静を装って立ち上がる。キャンパー達は興味を失ったのか、すぐそれぞれの作業へ戻った。

ふと気付く。既に山の光に対する欲求は収まっていた。

タープに戻り、チェアに座ってから改めて光があった山を眺める。

そこにあったのは、ただただ蒼い山々だった。


当然、キャンプを止めて撤収した。

帰り道の途中、休憩中に友人と恋人から次々に連絡が入った。

友人からは通話アプリの文章で『おかあさん、って何や？　間違えたん？』。アプリで返事を入れると、すぐに返信が返ってくる。友人曰く『司さんから通話アプリの電話が来たので取ったら、おかあさん、とだけ言って切れた。その後、掛け直しても何をしても返答がなかった。午後二時過ぎ』らしい。

恋人からの連絡も似たような内容だ。

曰く、着信があったので、見れば司さんからだった。いつものような通話アプリではなく、携帯電話の通話で着信だったので、珍しいなと取った。そうしたら〈おかあさん〉とだけ口にして、ふつ、と切れた。掛け直しても出ない。通話アプリでも掛け直してみたが、取らない。今度は文章で送ったが、既読スルーされたと言う。これも午後二時過ぎだった。

現在は午後五時前だが、正味の話、どれも身に覚えがない。

通話アプリをチェックする。今日は、該当の友人に対して連絡を入れた形跡は残っていなかった。相手からの着信などの履歴もなかった。先の『おかあさん、って何や？』の質問以降のやりとりだけだ。

恋人の場合も、着信履歴どころか通話アプリに何も残っていない。

結局、何も解決しないままこの話は終わってしまった。

ただ友人と恋人両方の機嫌を損ねただけだった。

電話の異変もだが、後に思ったのは、何故あのとき冷静さを失ったのか、だ。

いや、どうして〈あそこへ行かないと死ぬ〉と思ったのか。

また、単純に考えれば車で山の麓へ移動して、そこから登れば良いという簡単な思考すら奪われていたことも疑問が残る。


あれからもう一度、同じキャンプ場を訪れた。

もちろん光はなかった。

それだけではない。あのときの山の形や色と違うような気がした。

見れば見るほど、別物だとしか思えなかった。

◆

守義《もりよし》さんは、現在五十代前半である。

彼は地元有力企業で役職に就いている。

その彼が若かりし頃、二十代後半の頃だった。

会社の命令で山へ駆り出された。といっても、山仕事が本業ではない。

失われた森林を蘇らせるため、植樹を行うのだ。

当時、行政だけではなく、大企業がこぞって植樹活動を始めていた。彼の会社は世の動きに敏感だった。だから、その波に乗ったのだろうと今も思っている。

当然、業務扱いではなくボランティアとしての参加だ。移動も、社員同士で自家用車に乗り合わせての現地集合になっている。交通費が出るが、それも僅かだった。

正直な話、守義さんにとっては単なる会社からの業務命令でしかない。更に言えば、彼はインドア派でもあった。だから、非常に面倒臭くて仕方がなかった。それでも仕事である。行かなくてはならないことだけは、明白だった。

その日は梅雨が明ける前で、とても蒸し暑かった。

見上げれば、今にも雨が降りそうな曇天である。

周囲の参加社員の殆どが面倒臭そうな表情を浮かべていた。

植樹の場所は山の斜面を登った先にあるのだが、山歩きに不慣れなせいで余計に疲れる。

時間を掛けて辿り着いた先は植樹用の区画として整備されていた。

周りに背の高い木がなく、また、植樹区画が開けたほうを向いているせいで、対面の山が丸々望める。そこは杉か檜《ひのき》がびっしり植わった黒々とした緑に覆われていた。

今、植樹をしたとして、あのような状態になるまで何年掛かるのか、と考えたことを今も覚えている。

会社役員の口上が終わり、作業が始まった。

早く終わらせて下山しよう。皆、耳打ちをし合っている。一応、終了時刻は決まっているが、やることがなくなればそれだけ早く終わる予定だった。

手早く植樹を進めていると、遠くで声が上がった。

女性社員が腰を抜かしている。

「ほね」

そんな言葉が聞こえた。集まってみれば、確かに土中から白いものが覗いている。男性社員の一人が掘り出すと、野生動物の頭蓋骨だった。角の残滓《ざんし》があるので、多分鹿だろう、肉がないから死んでから結構時間が過ぎているはずだ、と決着が付いた。

植樹の邪魔になりそうなものは処分しておけよ、と誰かが口にした。

確かにそうだと内心頷《うなず》く守義さんだったが、そのとき足元に何かを見つけた。

木片と石の一部が地中から僅かに飛び出していた。

山の中だからあってもおかしくないものだ。しかし、やけに気になった。

しゃがみ込み、手で掘り出してみる。

小さな木の板と、平たい石だった。二つは重ねたような形で埋まっていた。

板はサイズも形もかまぼこ板に似ていたが、表面と切断面が粗い。

石はその板より小さめで、長い台形と言うべきか。磨製石器の手斧に似ていた。泥を擦り落とせば、灰緑色をしている。

最初こそ、石器時代や縄文時代の遺物かと想像したが、どちらもそこまで古いものに見えない。なら特に価値もないだろうと、植樹区画の脇へ放り投げ、作業に戻った。

予定より植樹は早く終わり、山を下った。

守義さんの車には仲の良い男性社員が一人乗り込んだ。色々重なり、駐車スペースを出たのは最後になってしまった。

前を走る同僚の四駆を追いかける中、突然尿意がやってくる。

まだ山道であり、トイレがありそうな場所まで時間が掛かりそうだ。

仕方なく路肩へ停める。ガードレールの向こう側は杉林で、少し奥へ行けば道路から見えなくなるようだった。

助手席の同僚に断りを入れてから、杉林へ降りていく。

奥へ目を向けると、一部の木が杉ではないことに気付いた。

樹木の種類には詳しくないから何の木だとは言えない。それらの木は枝も幹も太く、曲がりくねっている。背も高く、どれも立派なものだった。

元々生えていた木の周りに杉を植えたのだろうか。何か意味があるのか分からないが、どうせならあそこで用を足そうと、足を向ける。

ファスナーを下ろし、放尿を始めた。

頭上で豆粒を撒《ま》くような音がして、水滴が無数に落ちてきた。

雨が降り出したか、と思わず上を向く。

人と目が合った。いや——そう思った。

曲がりくねった木々。その太い枝の上に、人の顔があった。

おしろいを塗ったような白い肌。それ以外の印象はほぼない。

目がどうだ、鼻がこうなっていた、口元は、髪は、など一切記憶に残っていないのだ。

ただ、白い顔だ、と認識した。その顔が木の上からこちらを見下ろしていた。

手を伸ばしても全く届かないほど、高い場所だ。

誰かが木に登っているのか。いや、違う。

頭部部分しか見えない。枝の上にあるのはそれだけだ。下にあるはずの胴体は少なくともここから見えない。もしかしたら、枝に隠された向こう側に身体があるのか。だとしたら、どのような体勢なのか。

顔のある辺りで、声がした。甲高いことは分かったが、何を言っているか分からない。

思わず大きな声を上げた。顔は依然としてそこにある。

叫びながら逃げようとしたとき、顔が、す、と奥へ引っ込んだ。

悠然と立ち去ったような雰囲気だった。


杉林から逃げ出し、車に飛び乗った。

そのときの様子がおかしかったせいか、同乗の男性社員が何事だと訊いてきた。

正直に話すと、一笑に付される。

「多分、枝葉か鳥——梟《ふくろう》とか木菟《みみずく》を見間違えたんだ」

梟や木菟は目が人間のように横に並んでいる。薄暗い林の中で見れば、人の顔面だと思うこともあるだろう。それに人間は点が三つ並べばそこに顔を見てしまう。そのどれかだと指摘してくる。

絶対に違うと守義さんは憤った。視力は良い。だから見間違えるはずがなかった。しかし、時間が経つにつれ、自分の自信に揺らぎが生じ始める。

白い顔の印象が変化してきたのだ。

（——公家《くげ》）

時代劇や教科書で見る、白塗りの公家の顔が浮かんでくる。

目鼻立ちに一切覚えがないはずなのに、どうしても公家の顔だとしか思えなくなった。

根拠のない記憶に困惑してしまう。やはり思い込みで何かを誤認したのかもしれない。

守義さんは同僚に謝って、話はそこで終わった。

植樹の日から数週間後だったか。守義さんは、白い顔の夢を繰り返し見るようになった。

木の枝の上に白い顔があって、それが公家の顔面になるものだ。

余りに続くので、気持ちが悪くなる。

あの日見たあれが枝葉か鳥の誤認であることを確かめるため、彼は例の杉林を一人訪れた。よく晴れた午後だったおかげで、林の中も明るい。

あの曲がりくねった木々の集団も変わらずそこにあった。もちろん、白い顔・首は何処にもない。見間違えそうな物も見つけられなかった。

周辺には何故か機械部品のようなものが落ちている。何に使う物か分からないが、どれも酷く錆びており、一部は欠損しているものもあった。あの日に見た覚えがない。その後に置かれたのか、それとも目に入らなかったのか分からない。

気になったのはそれくらいだ。他を調べてみても、低山に繋がる林でしかなかった。


戻り際、もう一度だけ白い首が乗っていた木を調べた。

幹に、深めの斧傷のようなものがあった。さっきは気付かなかった。

自分の目の高さに数本。上に向けて精一杯に伸ばした手の高さに数本だ。

一部に樹液らしきものが滲《にじ》んでいたが、虫は一匹も集まっていなかった。


この後、ぴたりと白い顔の夢を見ることはなくなった。

◆

兼良《けんりょう》さんは、既に七十を越えた。

彼は元兼業農家である。電気工事会社に勤めながら、農作業に従事していた。

今は定年退職し、田畑も売り払い、年金と蓄えで暮らしている。

楽しみは友人達とスポーツをすることと、カルチャースクールで料理を習うことだ。

そのおかげか同年代よりは足腰がしっかりしており、かつ、思考力も保っているが、流石に衰えは感じる。寄る年波には勝てないのだと自覚していた。


四十年以上前のこと。三十を迎える前、彼が住んでいた町で事件が起こった。

〈夜になるのに、子供が帰ってこない〉

小学五年生の女の子が家に戻っていないと言うのだ。

女の子の家族、警察、地元消防団を始めとした男性有志が捜索を始めた。

この捜索隊に兼良さんも加わる。女の子の家は遠い親族であった。

女の子は〈友達のところへ行く〉と言って出かけている。当日、確かにその友人宅の庭で遊んでいたようなのだが、午後三時過ぎには辞したという。

狭い町なのに、それ以降の足取りは掴めていない。

秋の入り口であったが、陽が落ちると急激に冷え込む地域だ。女の子は軽装である。

当然、事件性も鑑《かんが》みられており、発見は急務であった。

急ごしらえで幾つかの班に分けられ、手分けして町の中を探す。女の子が行きそうな場所だけではなく、溜め池や用水路などの水場も捜索された。それでも何処にも姿がない。

誰かが指摘した。

〈北ン山じゃねぇけ？〉

町の北西部に北の山と呼ばれる低山がある。登山道の入り口周辺には公園が造られており、遠足や行楽などで使われていた。そこではないのか？　と言うのだ。

周囲から反論が湧き起こった。北の山は町の中心部からかなり距離がある。車や単車ならまだしも、子供の足で行くような距離ではない。

とはいえ、町中はある程度探してしまっている。やはり山かと意見が纏まりそうになったとき、両親や一部の人間からは〈山じゃない。溜め池や用水路、後は立ち寄りそうな場所を探し直そう〉と反論が起こった。

そこで、兼良さん含む青年達、十名ほどだけが件《くだん》の山へ入ることになった。

登山口へ辿り着いたのは午前二時を回った頃だ。

二次災害を起こさないよう無理はしないと取り決め、道を上っていく。

懐中電灯などの心許ない光を頼りに周囲を探した。

捜索隊の人間は次第にばらけ始める。体力の差か、夜目の利きの差か、どちらかの理由だろう。兼良さんはどちらも自信があった。だから、途中から単独行に近い状態となった。

先行して山の中腹辺りに辿り着く。まだ木々が密集している辺りだ。もう少し先へ行くと木がまばらになり、登山道も少し急なものへ変わっていくはずだった。

声を上げることを一度止め、耳を澄ませる。下のほうから捜索隊の呼び声が響いていた。

その合間に、何かの音が微かに聞こえた。

更に集中する。金属音というのか。玄翁《げんのう》を岩に叩きつけたような打撃音だ。

ただし、かなり小さい上、拍子も一定ではない。音と音の合間が何呼吸分も空いたかと思ったら、連続で鳴ることもあった。

位置を探る。左側の林の中だ。女の子か。だとすれば何故返答がないのか。出てこないのか。様々な理由が考えられるが、それより確認するのが先だと思った。

兼良さんは藪《やぶ》を漕ぎ漕ぎ、林へ入った。

地面は進行方向から見て左側へ斜めに下っており、歩きづらい。進むたびに音が近くなってくる。藪を越えた。地面が平らになってくる。

懐中電灯で辺りを照らした。椚《くぬぎ》などが上へ伸びたまばらな雑木林であった。密集していない分、空間が空いている。が、広場や空き地とは言えない程度だった。

音の出元へ近付いていくとともに雑木林は密度を深めていく。音がはっきりし始めた。

やはり、玄翁の音に聞こえる。ふと、鉄錆のような臭いが漂い始めた。

唐突に男の低い〈ホイ〉と言う声が聞こえた。

思わず懐中電灯を声のほうへ向ける。誰もいない。

山でお互いを呼ばわるときの声に似ていた。捜索隊の誰かかと明かりを向け、目を凝らすが、やはり誰の姿もない。

〈ホイホーイ〉

また声がした。上からだった。

懐中電灯を上へ向ける。頼りない光の中、木々の隙間に何かが浮かび上がった。

浅黒い男の顔、だったと思う。

髭ぼうぼうで、黄色い歯が見えていた。比較物はなかったが、とても大きな顔面だと感じた。そして片目が潰れていた。向かって右の目だ。隻眼《せきがん》である。ただ、これ以外の印象がない。目や鼻、口の特徴がどうだったかは覚えていない。

顔は二階の窓くらいの高さにあった。

声も出せずに、呆然と男の顔を見上げてしまう。

本当に驚くと思考は停止するのだと、そのとき初めて知った。

〈アイ〉

高い女の声が響いた。

男から向かって左に数本離れた木の間に、今度は白い顔が浮かんでいた。

瓜実型《うりざね》の女の顔で、小さな口が動いていた。やはりそれしか記憶にない。

男の顔に比べ一回り大きいが、位置は下がっている。男の顔の二個分くらいは下だろう。

後に、女だから男より背が低いのだなと腑《ふ》に落ちたが、そのときは考えられなかった。

(考えられないほど背が高い男と女が、林の中で並び立っている)

唖然とする中、男と女の顔が暗がりへ溶けるように消えた。

赤ん坊の笑い声と、言葉になっていない幼子《おさなご》の声らしきものが聞こえた。

男女の顔があった辺りからだった。

気が付くと地面にへたり込んでいる。手にした懐中電灯が消えていた。周囲は暗く、何も見えない。慌てて切れていたスイッチを点ける。光が暗くなっていた。電池が切れかけているようだった。

力の入らない足を奮い立たせる。藪から飛び出ると、下方から自分を呼ぶ声が轟《とどろ》いた。

〈ホーイ、ホイ！　ケンリョーさぁん。いたぞ。子供、いたぞ〉

女の子は下の林で発見されていた。木の根元で震えながら泣いていたらしい。

ぐったりした女の子を交代交代で背負い、山を下る。その際、他の者にさっき雑木林の中で見聞きしたものを話した。だが、全員が首を傾げた。

「ケンリョウさん、アンタが上から呼ばわったけ、この子が見つかったが」

皆の話によれば、先行していた兼良さんが上からこんなことを叫んだ。

〈おーい、上やない。下だ。下の林だ〉

その言葉の通りに探したら、すぐに見つかったのだと言う。

兼良さん自身、そんな指摘をした覚えがない。

意見の食い違いがあるまま全員で下山し、一番近い公衆電話から発見の報を入れた。

無事に女の子が見つかったことで、この事件は終わった。

――のだが、幾つかおかしな点が残った。

まず、救出された女の子に関してだ。

特に大きな怪我や考え得る最悪の状況は免れていたが、何故か襟足の髪の一部が刈り取られ、なくなっていた。一房分くらいだろうか。残った長い部分が紙縒《こよ》りで纏められていた。が、どちらもそんなことをした、または、された記憶が当人になかった。

また、女の子曰く〈友達の家を出てから、親戚という人の車に乗った〉。〈お父さんとお母さんが事故に遭ったから、迎えにきたと言っていた〉。〈運転手は小父《おじ》さんで、助手席に女の人がいた〉。〈男の人はテレビに出ている人に少し似ていた。丸顔で優しそうだけど、目が怖かった〉。〈女の人は長い髪で、サングラスをしていた。テレビで見る人のようなしゃべり方だった〉。〈途中、ガソリンを入れた。暗くなったけれど、移動は続いた〉。〈何処まで行くのか訊ねたが、はぐらかされた〉。〈美味しいお菓子を貰って食べた〉。〈その後、急に眠くなって眠ってしまった〉。〈気が付くと、山の中に一人だった。寒いし暗いし、怖くて泣いた〉――。

結局、女の子を攫《さら》った男女については分からないままだった。

乗ったのは赤い車で、まだ新しい感じだった、らしい。

髪の毛の一件は、この男女の仕業であろうと予想された。

また、兼良さんが目撃したモノについても、正体は不明のままである。

ただ、落ち着いてから思い出したことがあった。

二人の身体らしきものが、木々の間からチラリと見えていた記憶がある。

暗い上、懐中電灯の光なので正確ではないだろうが、男は黒っぽい上着、女は灰色がかった上着だった。少ししか見えなかったが、どちらの服もくたびれた感じを受けた。ただし、足元の印象は全くなく、一切覚えていなかった。

何度か北の山へ背の高い男女の痕跡を探しに行ったことがある。

雑木林も、その奥にある密集した木々も見つけた。

周囲を歩いて見つけられたものはなく、手掛かりになりそうな発見はなかった。

◆

兼良さんの父親は、健良という。

タケヨシと読むが、周囲の人々は〈ケンリョウ〉と呼んだ。

この自分の呼び名を息子に名付けたかったらしい。だから自分の名を元に漢字を変え、ケンリョウと読める〈兼良〉とした（本編内は仮名であるが、このような名付けの方針であったことは事実である）。

父・健良は気性が激しく、酒乱の気があった。

彫りの深い整った顔で普段は理知的に見えたが、一旦怒るか酒を飲んで暴れ出すと、鬼のような形相になって手が付けられなかった。

戦後の混乱期に他人様に言えない仕事をやっていたようだが、詳細は分からない。途中でそれから足を洗い、大工となった。

元々大工修行をした経験があり、人よりも技術があったため食うに困らなかった。

健良が亡くなる少し前、六十を越える前だったか。

急に性格が穏やかになった。酒も止め、常に素面《しらふ》のまま過ごすようになっていたという。

一人息子の兼良さんとお茶を飲みながら、思い出話を繰り返すようにもなった。そんなとき、必ず〈俺はもう、長くない〉と口にする。その都度、気弱なことを言わないでほしい、病気も怪我もないじゃないかと窘《たしな》めるのが常だった。

しかし、夏を迎える少し前くらいだった。

健良は小山から滑り落ち、頭部と胸を強打して亡くなった。

「偶々通りがかった人が、声がするので行ってみたら見つかった」と警察は言う。ただし、発見されたときには既に息をしていなかったとも聞いた。

山菜や木の実を採りに行くと言って出かけた日のことだった。

穏やかになった健良との思い出話の中に〈山中で出会った人間〉の話がある。

健良曰く「仕事仲間の依頼でどうしても行かねばならなくなり、嫌々だったが山を登った。途中で仲間とはぐれたが、そこで山に住む人間に会った」。

その連中は大人の男女と子供二人の集団だった。男は彫りが深い顔つきで、女は細長い顔をしている。子供達はどことなく男女の顔に似ていた。身に着けていたのは着古した洋装であり、何処か着慣れていなかった。大人二人は頭陀《ずだ》袋のような大きな袋を背負っている。穴の開いた鉄鍋と玄翁などを下げていた。言葉を交わしてみたが、訛《なま》りが酷く意思疎通がとても難しい。何とか〈俺は道に迷っている。正しい道を教えろ〉と伝えられたが、連中は首を捻っていた。この山に詳しくないのかと訊ねれば〈俺ら家族は最近この山へ住みだしたから、分からないのだ〉というようなことを身振り手振りで伝えてくる。そして山々へ向けて叫び出した。明らかに山びことは違う獣のような声が返ってくる。男は〈あっちへ登れ〉と上を指差した。何となく煙草とマッチ、飴を礼として与え、その場を立ち去った。言う通りに進むと、登山道を見つけられたので、助かった。

大人の男は片目で、大人の女は両目が見えないようだった。

子供は二人とも虎刈りで、性別は分からなかった。

健良はこの家族を指して〈サンジン〉と称した。

兼良さんが、サンジンは山人と書くのかと訊ねれば、健良は〈違う〉と答えた。なら何なのだと問えば〈散り散りになった人で、サンジンだ〉〈それか散り散りになった者を鎮める、で散鎮。サンヂンかもしれない〉のような答えが返ってきた。ただ、余り真剣な口調ではなかったので、本当のことかどうか分からない。

このサンジンは〈俺より背が高い奴らだった。女ですら頭二つは大きかった〉と健良は強調していた。ただし、健良は他の人間より背が高い。その彼をして大きいと言わしめるのだから、よほど高身長だったのだろう。

これ以降、健良はサンジンに出会ったことはない。

この話を聞いたときには、兼良さんは例の〈枝の上の顔〉を見ていた。

サンジンの話に被せるように、自身の体験を健良に話したことがある。

健良は少し何かを考えた後、それは山の怪の一種かもしれないが、サンジンかどうか分からない、俺には判断が付かない、と返された。

◆

司さん、守義さん、兼良さんの三人が語る話を記してきた。

お気付きかもしれないが、彼らは、孫、父、祖父の関係である。当然、健良は司さんにとって、曽祖父になる。

全員、長男で一人息子。兄姉、弟妹はいない。

最初は司さんからお話を伺ったが、そこから〈父が〉と守義さんへ繋がり、次に〈そういえばうちの兼良が変な話を知っている〉というふうに順番に取材を重ねてきた。

取材のタイムリミットが来て、一旦区切りを迎えたときだ。

司さんが、改めて情報を二つ聞かせてくれた。

一つは〈例のキャンプの後、実は山に登ったことがある〉ことだ。

あのような出来事があっても、アウトドアの趣味を辞める気分にはならなかった。

逆に言えば、山へ登りたい気分が余計に強くなっていた。

そのとき登ったのは、ハイキング気分で挑戦できる程度の山だ。時節柄、一人で行けば問題ないだろうという判断だ。

実際、登山客はゼロではないが、やはり少なかった。

時々、人の声が傍で聞こえたような気がしたが、空耳のようだった。

砂色の山肌にへばり付くような灌木《かんぼく》。その合間を抜けながら進んでいると、何かが目の端に入る。山では目立つ、人工物の色だ。

横倒しになった、薄青いパール色のランドセルだった。

小学生の女児が好みそうな装飾が施されている。荒涼とした山の景色にそぐわないそれは、違和感しかない。

近付いて手に取ってみた。予想より軽い。中に薄い金属の板が二枚、錆びた十円玉が数枚入っている。金属の板の一枚は名刺サイズで、錆びた鉄製だった。もう一枚はそれより一回り小さいもので、真鍮《しんちゅう》か銅製のようだ。やはり錆びている。ランドセル自身に汚れは少ないが、表面に少し傷があった。ただ、持ち主の名はなく、所有者が分かる手掛かりは一切なかった。

他には何もなく、このまま放置することを決めた。

頂上で少しの間過ごした後、下山したときには既にランドセルはなくなっていた。

もう一つは司さんの家の苗字についてだ。

広島県などに多く見られるものだが、彼らは別の地域に住んでいる。

健良の代以前は分からないが、少なくともそれ以降は広島ではない某所住まいだ。

また、この苗字は明治維新以降に決まったものだと聞く。

〈だから、うちは由緒ある家ではない〉とは、司さんと守義さんの言である。


全ての話について、司さんは色々調べてみた。

類似の事柄が散見されたが、それらと自分達の体験が起こった場所が違う等、幾つかの異なるポイントがあった。だとすれば、少なくとも土地が絡んだものではない可能性がある。

ただ山、そして声に何かがありそうだと言いつつ、結論は出せないとも彼は口にした。


これからも何か変なことがあれば教えますと、司さんは約束してくれた。

お父さんとお祖父さんにも口添えしてくれるようだ。

彼の御家族には三名しか顔を合わせていないが、全員彫りが深く整った顔である。


続報があれば、何かの折にお伝えしたい。

# 猛進

譲二さんは、早朝の山歩きが趣味だ。

いつも行く場所は往復して一時間程度だが、平たんな道ではない。木の葉が積もっている場所もあり、気を抜けば怪我をする。

山頂近くには神社があり、参拝客用の駐車場が用意されている。その近くに茶店もあり、殆どの人はここまでしか登ってこない。

譲二さんもこの駐車場を利用する。山頂まで山道を歩いてくる人もいるが、無理はしないと決めている。

神社の参道の途中に、更に山に入る道がある。かなり急な坂道だ。そこを登ると奥宮《おくみや》に出る。そこから黙々と山道を進む。これを毎日続けた。

ある日の朝。

いつものように山へ行き、神社の場所まで戻ってきた。車を駐めてある駐車場まで、参拝客の通らない道を降りた。くねくねと曲がった急な坂道だ。その途中で、人が集まっていた。顔見知りの山歩き仲間達がいる。何かあったのかと思い近付くと、激しい衝突音が周辺に響いた。

大きな檻がある。その中に、巨体の猪が入っていた。

「夜の間に、罠に掛かってたんだって」

猪は逃げ出そうと、何度も檻に体当たりしていた。鼻先は血と泥がべったりと付いている。檻にぶつかるたびに、激しい音がする。檻が壊れて中から猪が飛び出してくるのではないかと、見ているだけで怖くなった。

罠の仕掛けてある場所は、曲がった道から少し横に入る。『この先、立ち入り禁止』の看板が立っていた。檻は看板から数メートル先にあり、看板の立っている位置からでも見える。

今回は罠に掛かった猪が暴れている音で、人が集まっていた。

「ドーンドーンって。檻にぶつかる音が夜中も凄くて」

近くにある茶店の御主人も、「こんな大きな猪、見たことがない」と繰り返していた。

その後、暫く罠の設置はしなかったが、再び同じ場所に檻が置かれた。

譲二さんは何度か近くを通りかかったが、猪は掛かっていなかった。

近所の茶店の主人も「簡単に罠には掛からない」と言っていた。それでも夜になると、あのとき聞いたのと同じ、猪が体当たりする激しい音が響くことがあると不思議がった。

「あの音がすると、怖くて眠れない」

必死に体当たりする血塗《ちまみ》れの猪の姿が、脳裏から離れない。それは譲二さんも同じだ。

(何で罠をここに置くのだろう)

確かにこの道は普段、参拝客は通らない。それでも罠に猪が掛かれば、すぐに人が集まる場所だ。

(人が見える場所に設置することに、何か意味があるんだろうか)

もっと他に猪が掛かりやすい場所があるような気がしたが、素人には分からないことがあるのだろうと思った。

それから暫くして、大雨が降った。

山では酷い土砂崩れがあり、神社の建物の一部が土砂に飲まれた。山にある茶店と民家は、建物の裏手で土砂が止まり難を逃れている。

土砂に飲まれた神社は、倒れた木も突っ込んできたため大変な被害になった。

大雨の夜。

茶店の主人は、あの音を聞いている。

「ドーン」「ドーン」と体当たりする音は、朝まで鳴りやまなかった。

# いる！

「初めに断っておきますけど。あたし、霊感とかもないし、そもそもお化けなんて信じていませんから」

加奈子さんはそう言って、一度だけ口を横一文字に結んだ。

三年前の秋、両親を後部座席に乗せて紅葉が綺麗な山へ出かけた。

車道から見ても十分に綺麗な紅葉だったが、両親は神社への参拝をして少し散歩もしたいとのことだった。

言われた通り神社の駐車場に車を駐め、参拝をする。

山の散歩道は神社にも繋がっていて、表示板に従って三人は道を進んだ。

「ああ。とっても綺麗」

「こんなとき、退屈な地元を好きになれるというもんだ」

前方の木には猿がいて、時々リスも姿を見せてくれる。

確かにいいもんだ。

加奈子さんも楽しむ両親に同調して、ゆっくりと散歩道を行った。

また何か動物を見つけられるかもと、加奈子さんは注意深く辺りの林を見渡した。

この山には鹿もいると誰かから聞いたことがある。

鹿と一緒に写真を撮れたら、こんなに素敵なことはない。

じろじろと、遠くまで目を凝らす。

すると、十五メートルほど向こうに、派手な色をしたものを見た。

全体的に赤く、ひらひらとした何かを纏っていることは分かったが、ズバリ何とは分からない。

というのも、それはなかなかのスピードで疾走していたからだ。

もう何処かへ消えたか、或いは木陰に潜んでいるのか。

鹿ではなさそうだが、大きさから見て猿でもなさそうだ。

「あ！」

と声を上げたのは父だった。

目線は斜め上に向いている。

「ああ！」

次は加奈子さんと母が声を上げる番だった。

赤い着物を着た大柄な男が、手前にある一本の木の上方で、まるで猿のように幹にしがみついていた。

とにかく顔がおかしかった。

目の大きさが人の三倍はあり、口も大きく横に裂けている。

仮面を被っていると疑うより、特殊メイクをしていると考えたほうが現実に寄り添えるほどその奇異なパーツはリアルだった。

家族一同、唖然とするばかりだ。

着物の男、と表現していいのだろうか。これはもう男とも女とも言えない。

人間とも言えないじゃん。

暫く目を離せずにいると、着物の生き物は更に上まで登り、姿が見えなくなるとガサッと枝が揺れた。

加奈子さんは自分が見たものをしっかり受け入れている。

「天狗は確実にいる！」

一際大きい声を響かせたのち、また加奈子さんは口を横一文字に結んだのだった。

# 奥羽山脈の祠

福島県会津地方にお住まいの奥山さん（仮名）という女性から伺った話。

奥山さんの長男、隆徳さんは幼い頃から感受性が強く、人に見えないものが見え、聞こえないはずの声が聞こえた、というような体験を何度もしたという。

東日本大震災から数年後、隆徳さんは故郷の会津を離れて仙台の大学に進み、学生生活を謳歌していた。

ある春の日、隆徳さんは何故か無性に花見をしたくなり、太平洋に面した宮城県名取《なとり》市にある雷神山《らいじんやま》古墳へと一人で出かけた。

雷神山古墳は四世紀末から五世紀初頭に掛けて築造された、東北地方でも最大級の前方後円墳である。何故自分がその場所を選んだのか定かではなかったが、満開の桜を見た後、古墳の上にある祠《ほこら》にお参りして、その日はアパートへと帰った。

翌朝目覚めると、今度は猛烈に山に行きたいという衝動が湧いてきた。

隆徳さんは普段、山歩きをする習慣はない。しかし、土地勘もないのに仙山線に乗り込むと、宮城と山形の県境にある無人駅、奥新川《おくにっかわ》へと向かった。

この駅は奥羽山脈に深く分け入った場所にあり、昔は銅鉱山としても栄えたが、現在では周囲に人家は殆ど存在しない。

隆徳さんは降車すると駅を出て当て所《ど》なく歩き、遊歩道から外れて沢伝いに進んだ。

その間ずっと、意識がふわふわとして現実感がなかったという。

暫く行った所に、木々の間にひっそりと佇む小さな祠があった。隆徳さんは何となくその祠に手を合わせた。

すると今度は霧が晴れたように意識が明瞭になっていき、正気を取り戻したのだ。

自分はここまで、目には見えない何かを運ばされたのではないか——。

隆徳さんは当時、そんな印象を持ったそうだ。

帰ろうと思って駅で電車を待っていると、二人の男性が駅構内に入ってきた。

二人はおもむろに隆徳さんの前に立つと、

「今日は気分がいいから」

と言って、彼らが山中で採ったであろう山菜をたくさん分けてくれた。

その中にはとても希少なことで知られる山菜、シオデも含まれていた。

隆徳さんは帰りの電車に揺られながら、何となく御褒美を貰ったような気がしたという。

彼をそこまで導いたものは決して悪いものでなかったと思う、と奥山さんは話を結んだ。

# 参道

都内の女子大に通っている優紀さんは、元々目的なく散歩をすることが好きで、休日はカメラを片手に地元を散策するのが習慣だった。

その年の夏休みは、入学してから始めての帰省だった。新学期が始まる直前までは都内には戻らないつもりだった。しかし、実家での快適な暮らしも、あっという間に過ぎ去っていく。

都内に戻るまであと数日。まだ新学期の開始まで時間もある。バイトも課題もない。家族は彼女を置いて、買い出しに出かけたらしい。祖母も朝から出かけている。つまり今は家に自分一人だ。

そこで彼女は散歩に出かけることにした。

耳にワイアレスイヤホンを突っ込んで、お気に入りの曲をランダム再生しながらテンポ良く歩みを進める。都内に戻る前に、実家の周囲を眺めておこうと思ったからだ。

イヤホンは先週弟から誕生日のお祝いにとプレゼントしてもらったばかりで、とても気に入っている。

足の向くまま気が向くままに、彼女は琴線《きんせん》に触れた光景をコンパクトカメラに収めながら歩いていく。気が付くと、前方には山に向かう林道が口を開けていた。

まだ午後一時だ。

——山に登ってもいいな。

今振り返ってみると、何でそう思ったかは分からない。森林浴でもしようと思いついたのだろうか。ただ暑さを避けようとしたのかもしれない。

山といってもそんなに高い山でもなく、頂上を極めようというのでもない。

日差しは背の高い杉の木立に遮られて、思っていたよりも涼しい。

樹と樹の谷の底をゆっくりと辿る。舗装されていない林道は、右へ左へとくねりながら標高を上げていく。スニーカーの底から少し湿った土を踏む感触が伝わってくる。

のんびり気分良く歩いていると、耳に引っ掛けたイヤホンにノイズが乗るようになった。

こんな場所で電磁波の干渉があるはずがない。振り返っても、人っ子一人、動物一匹いない。家を出る直前まで充電していたのに、もうバッテリーが切れかけているのかと、少し残念な気持ちになった。

そのまま暫く歩いていくと、ついに曲は聞こえなくなった。

耳からイヤホンを外して、取り出した真っ白な充電ケースに戻す。少し充電すれば、また音楽を流せるだろう。滑らかな小石のようなサイズのそれは、握り込むと丁度良く手に収まった。

まだ先に進もうか。どうしようか。

スマホで確認すると林道を歩き始めて一時間が経っていた。

肩からぶら下げたポシェットに充電ケースを入れて、再び林道を奥に向かって歩き出す。

今戻るのは、余りに中途半端に思えたからだ。余り変わり映えのない林道の風景だけでは物足りない。もう少し何か〈いいもの〉を見てから戻りたかった。

大丈夫。山の中の一本道。帰りも迷うはずがない。


それから三十分ほどは歩いただろうか。優紀さんは戸惑っていた。

イヤホンを耳から外したときから、何かがおかしいということには気付いていた。右耳だけに声が聞こえるのだ。イントネーションから人の声のような気はしているが、日本語なのかどうかすら分からない。

ただ、その声に聞き入ってはいけないという予感はしている。

目は塞げても、耳と鼻は塞げない。何かで誤魔化したかった。

立ち止まって、イヤホンを再度取り出して耳に突っ込む。

ケースに戻したので、充電されているはず。そう思っていたが、イヤホンからは音が聞こえない。壊れてしまったのかもしれない。

保証期間内だから交換してもらえるとは思うけど。

優紀さんは再度イヤホンをポシェットに戻して顔を上げた。

すると、眼の前に石灯籠が二本立っており、間に苔《こけ》むした細い通路が口を開けていた。

こんな道、あったっけ。

林道の奥に、打ち捨てられた祠のようなものがあるのかもしれない。

それを撮って今日は帰ろう。

優紀さんはイヤホンの不具合で沈みそうになっていた心が上向くのを感じた。眼前の細い苔むした石畳の通路が、探していた〈いいもの〉へ導いてくれそうだった。

林道から細い石畳の小道に足を踏み入れる。肩幅よりも狭い石畳は、真っすぐに森の中を横切っている。

何を祀《まつ》っているのかは分からないが、ここは参道だろうという確信がある。

林道よりも明らかに湿度が上がり、気温は低くなった。最初は足元の苔を踏んでも良いものかどうか迷っていたが、歩き始めると気にならなくなった。それよりも足を滑らせたり、石畳を踏み外さないようにバランスを取ることに意識を向けねばならない。

そしてずっと感じている、誰かから見られているような感覚も不快だった。ただ、それは気のせいだろう。彼女はそう思うことにした。


どれだけ歩いただろうか。

きっと三十分くらいは歩いたはずだ。

優紀さんはいつまでも変わり映えのない光景に、後悔が混じり始めた。

しかし、ここまで来てしまったからには、ただ引き返すのも癪《しゃく》に障る。

どうしてこんな道を作ったんだろう。

石畳の通路からは、手を伸ばすだけで周囲の木々に手が届いてしまう。

既に周囲は植林された人工の森ではない。この道は自分の常識を超えている。

何者かが何らかの目的で作ったに違いないのだが、いい加減、鳥居か祠か社《やしろ》でも出てきてくれないだろうか。いつの間にか、右耳の声も聞こえなくなっている。

——今、何時なんだろう。

ずっと薄暗い森の中で、時間感覚が狂っている。帰るときに、途中で陽が暮れてしまうと、林道も真っ暗になる。

山の日暮れは早いことは理解している。今だって空は明るいが、周囲はだいぶ暗い。

時間を確認しようと、ポシェットから取り出したスマホの電波が、圏外になっていた。

しかも時刻表示が文字化けしている。

その表示を見た瞬間、もしかしたら、自分は戻ることができないところまで来てしまったのではないかという感覚に襲われた。正気に戻ったとでもいうのだろうか。

一気に今まで感じていなかった不安感が押し寄せる。

今すぐ戻らないと。

焦燥感《しょうそう》とともに、今、歩いてきた石畳を振り返る。林道まではもはや目視できない。

この道の先は、果たしてどれくらいあるのだろうか。

一方で中途半端なところで戻るのは、残念なことに思えた。

後ろ髪を引かれるように振り返る。

すると、その視界の五メートルほど先に、金と赤と白の布で仕立てられた狩衣《かりぎぬ》を身に着けた人物が立っていた。

顔は頭部をすっぽりと覆う、真っ白な頭巾で隠している。

優紀さんは息を呑んだ。

つい今し方までは、姿もなかったはずだ。

派手な狩衣姿の人物は、彼女よりも頭二つ分背が高い。狭い石畳の足元が窮屈そうだ。

狩衣姿は、ゆっくりゆっくりと、足元を確かめるように近付いてくる。

石畳でできた参道の幅は、小柄な優紀さんの肩幅ほどもない。このままではすれ違うことができない。どちらかが避けなくてはいけないのだ。

狩衣姿は、歩を進める速度を変えない。

あと三メートル。

優紀さんは、石畳から下り、道を譲った。

木の枝に背を預け、狩衣姿が通り過ぎるのを待つ。

お香の匂いが鼻に届いた。嗅いだこともない香りだった。

「見込みがある」

優紀さんの目の前を通り過ぎたときに、そう声を掛けられた。

いや、声が聞こえたというよりは、声が頭の中に直接響くような体験をしたというほうが正しい。

頭巾で隠した顔は前方を向いたままで、こちらのことなど見ていない。

もしかしたら、本当に見えていないのかもしれない。

「女。この先に祠があるぞ。それを直せ」

威厳があるというのか、逆らうことのできない声が再び頭の中に響いた。

優紀さんは、その声にどう反応すべきか迷った。

別段自分がそれに従う必然性はない。何せ、もう帰らねばならないのだ。

だが、狩衣の声は、この先に〈いいもの〉があることを匂わすものだった。

狩衣の来た方向に視線を向ける。石畳が何処まで続いているか分からないが、あと少しだけ先に進もうと決めた。

視線を戻す。

だが、派手な赤と金と白の服を着た人物など、彼女の周囲には存在しなかった。

あの人、後ろ姿だけでも撮りたかったのに。

優紀さんは頭を振り振り石畳に戻ると、再び歩き出した。

納得できている訳ではないが、頼まれた以上、状況の確認くらいはしておこう。

もちろん自分の手に負えるものであれば引き受けてもいい。手に負えなければ放っておけばいい。

狩衣の人物が歩いてきたはずの石畳は、踏み荒らされていない真新しい苔で覆われている。

どうしてだろう。

振り返って、足元を確認すると、自分の踏んだところは、荒れているというほどではないが、それとなく分かる程度には苔が乱れていた。

それをそんなものかと受け入れながら、歩き続けた。


歩き出してすぐに祠に辿り着いた。

これを直すのは無理だな、と優紀さんは最初から依頼を放棄することに決めた。

膝ほどの高さの祠は、木造の屋根も壁も崩れており、台座となっている石積みも荒れ果て、苔に覆われている。その上にちょこんと白い無地の盃《さかずき》が置かれていた。

何かあったかなぁ。

ポシェットを漁ると、飴玉が出てきた。

ごめんね、何もできないや。

優紀さんは、飴玉の包装から中身だけを取り出して、盃の中に転がす。

からりころりと、小さな音がした。

祠に手を合わせ、何にもできません。ごめんなさいと心の中で謝罪する。

すぐ振り返って参道を戻る。

戻り始めると、五分と経たずに林道が見えた。

不思議な体験をしちゃったなぁ。

彼女は幼い頃にテレビで見たアニメを思い出していた。

石灯籠の脇を抜けるときに、先ほどの狩衣の人物の声が耳に届いた。

「一人で勘弁してやろう」

頭に響く声に不穏なものを感じ、周囲を確認したが誰もいない。

あれは山の神様のようなものなのだろうか。

考えてもよく分からない。それよりも、もうだいぶ陽が傾いていることのほうが問題だ。

彼女はポシェットからスマホを取り出した。もう文字化けはしていなかった。


帰宅できたのは、陽も完全に暮れた午後七時半だった。

スマホのアプリからタクシーが呼べれば良かったのだが、生憎周囲には呼べるタクシーが一台もなかったので、結局徒歩で戻るはめになったのだ。

都内での生活は、便利さという点では、実家とは比べ物にならない。

ガレージには車がなかった。まだ買い物から戻ってきていないのだろう。

ただいまぁと声を掛けながら玄関の引き戸を開けると、祖母が駆け寄ってきた。

「あなたにまで何かあったのかと思ったわよ！」

「あなたまでって――何かあったの？」

驚いて祖母に話を訊くと、
先ほど警察から、家族が交通事故を起こして病院に運ばれたという連絡が入ったのだ。

優紀さんは祖母と一緒にタクシーで病院へと向かった。

両親はむち打ち程度で済んだが、問題は弟だった。

医者の説明によれば、彼は事故以来、意識を失ったままだという。

結局、優紀さんは予定通り都内に戻ったが、その時点では弟の意識は回復しなかった。

ずっと目の覚めない弟のことは心配だったが、両親からは、お前はお前のすべきことをしろと、強く促され、迷いながらも都内に戻った。


——一人で勘弁してやろう。

狩衣の人物の言葉が、今も気になっている。

あの山でのことを、彼女はまだ両親に告げられないでいる。

# 山のもの

四年前、杏佳さんはSNSで知り合った三歳ほど年上のあやめさんという女性とともに、大阪のホテルで一泊したことがあった。

二人が応援し続けている男性アイドルグループの公演を観覧するためで、杏佳さんは名古屋からの遠征。あやめさんは地元だという山陰の奥から。宿泊先は新大阪にあるホテルのツインの部屋となった。

折角《せっかく》だからと、少し贅沢をして夜景の眺望が素晴らしいという高層階の部屋を選んだ。

公演後はそんな部屋のベッドに横たわり、ベッドサイドの弱々しいライトの下、明け方近くまで公演の感想を熱く交わし続けたという。

サイドテーブルに備え付けのデジタル時計が四時を示した辺りで、杏佳さんは途切れなく続く話を遮り、一度トイレへと赴いた。

数分後、寝室へと戻る。

するとあやめさんは、寝室のカーテンを全開にし、窓ガラス越しにきらびやかな夜景をぼんやりと眺めている。

あやめさんのそんな背中に向け、杏佳さんは声を掛けようとした。

と、あやめさんが僅かに頭の位置を動かしたかと思えば、「ひゃあ！」と短く悲鳴を上げた。

驚いた杏佳さんは〈一体どうしたのか？〉と訊ねた。

青ざめた表情であやめさんがぽつぽつと事情を話し出す。

「今、私こんな感じで外を眺めてたでしょ？　その瞬間《とき》、ガラスにパッと杏佳さんの顔が反射して映り込んだのね。でもその顔に違和感があって……。だからもっとよく見てみようと、その映り込んだ杏佳さんの顔に焦点を当てようとしたら、それ違うの。いつもの杏佳さんの顔じゃないの。髪型は杏佳さんに近いというか、そっくり同じなのだけれど、顔がね、全然違った。目蓋《まぶた》と頬の肉が凄くぽってりしていて」

――そして、そんな目蓋と頬の肉の隙間に埋もれるような感じに濁った瞳があり、じっとあやめさんのほうを見つめていたのだという。

いまひとつこの話の内容に理解が及ばず、ただ自身の顔を悪く言われただけのような気がして少々気分を害していた杏佳さんだったが、それでも努めて明るく声を出し、

「もう。冗談はやめてくださいよ。確かに今は素っぴんで酷い顔してますけど」

と、おどけてみせた。

更に「私の顔どんなふうに映ってたんです？　この辺りに、こんな感じですか？」等と呟きながら、杏佳さんは窓ガラスのほうを向き、少しおかしなものとなりつつある場の空気を戻すべく、作り笑いを浮かべてみせた。

窓ガラスにうっすらと杏佳さんの笑顔が映り込む。

そんな杏佳さんの顔の後方には、若干強張り気味に見つめるあやめさんの顔。

——と、それら二つの顔とは別に、窓ガラスの右隅の辺りに、もう一つ別の顔が存在していた。

驚いた杏佳さんは、その窓ガラスに映り込んだ顔を凝視する。

その顔は全体的にどこもかしこも浮腫《むく》んでいる。先ほどのあやめさんが語っていた特徴に似通っている。

こんな異様な顔をした人物が、いつの間にか部屋の中にいて、隅の暗がりに突っ立っている。

体格は小さい。

顔の高さが、同じように立っている杏佳さんの肩の位置よりも僅かに下にある。幾らかの遠近による差を考慮しても、身長が百五十センチ程度の杏佳さんの肩口程度なのだから、子供のような体躯だ。

黒っぽい無地のスウェットらしき服装で、そのために半身が闇に溶け込んでいるように見えた。

「杏佳さん！　急いで！　出ましょう！」

何だか頭がぼんやりとなっていたところに、あやめさんの大きく急《せ》いた声が響く。

はっと我に返り、追ってじわじわと恐怖の感情が湧き始める。

あやめさんに手を引かれるような形で寝室を飛び出すと、ガクガクと小刻みに震える身体を鼓舞しながら手短に身支度を調え、ホテルのフロントへと降りた。

あやめさんがカウンター向こうの従業員に対し、何やらやりとりしているのを横目で眺めながら、そういえばさっき寝室に現れた人物が、窓ガラス越しでしか姿が見えなかったことを思い出した。

そして、クレジットカードでチェックアウトを済ませたあやめさんの背を追うように、杏佳さんはホテルを後にした。


完全に夜が明けきらない色濃い紫色の空の下、とぼとぼと駅を目指して歩いていると、少し前を行くあやめさんが「さっきはごめんなさいね。思えば私、杏佳さんを傷つけてしまうような言い方してしまっていたわね」と謝ってきた。先程のアレを、杏佳さんと見間違えたことについての謝罪なのだろう。

いいえ、気にしてませんから、と覇気のない声で杏佳さんは返す。

私が見た顔とあやめさんが悲鳴を上げた顔が同じものであるなら、そう考えたのも当然だと、杏佳さんは思った。

それ以外、殆ど会話のないままに新大阪の駅へと辿り着くと、そこで二人はそれぞれの帰路に就くことになった。

あやめさんは別れ際、杏佳さんに向けて、というよりは、独り言のようにこんな言葉を囁いた。

「私、山から連れてきちゃいけないものを連れてきちゃったのかしら」

怯えというよりも、とてつもない重罪を犯してしまったかのように青ざめているその表情に、どうやら先ほど目にしたアレがあやめさんと縁のある存在なのだと察した。

だが杏佳さんは心身の疲れもあり、それ以上の事情を問い質す気力も、あやめさんを責め立てる気力もなかったそうである。

形式ばった別れの挨拶を交わす際、漠然と〈もうこの人と関わることはないだろうな〉という思いを抱いたという杏佳さんのそんな予想通り、杏佳さんとあやめさんは顔を合わすどころか、ネット上での交流も一切ないままに現在に至っている。

# 山人

鳥のように、空を自由に飛べたなら。

そんな夢への第一歩として、千尋さんはパラグライダーの体験プランにエントリーした。上昇気流を利用して、パラシュートで空高く長時間の飛行を楽しむスカイスポーツ。

しかしながら、当時学生だった千尋さんには限られた予算しかなかった故、本格的な体験はできるがお値段の張るインストラクターとのタンデムフライトではなく、リーズナブルではあるが自分自身の力で宙へ浮かぶ達成感が味わえる、浮遊体験のコースを選択した。

都心から僅かな時間で到着可能な、埼玉県西部の山が体験会場であった。装備の説明、簡単な講習を受けてから、広大な原っぱのような山の斜面に出る。ここを一気に駆け下りつつ、背中に装着したパラシュートを立ち上げ、空気をはらませて浮遊する。高度は二、三メートルほどの低空飛行な上、時間にしても僅か数秒の滞空時間ではあったが、自力で飛んだという充足感は、しっかり得ることができた。

とはいえ、宙に浮かぶにはなかなかの運動神経と腕力、そして度胸が必要に思えた。体験には女友達三人で参加していたのだが、同行者の一人、真由さんは、斜面を走り下りる途中で足をもつれさせ転倒する失敗を重ねていた。

「次こそ成功するよ」

笑顔が消えてしまっていた真由さんに、千尋さんは明るく励ましの声を掛けたが、何故か彼女はふるふると首を横に振る。そして、

「もうやめる」

と、まだ体験の時間が残っていたにも拘らず、さっさと控えの建物に向かってしまった。現地に来るまでは、あんなに張り切っていたのに。具合でも悪くなったのだろうか。そういえば顔色も良くなかった。

心配しつつも、千尋さんともう一人の友人はしっかり時間まで体験を楽しんでから、真由さんと合流した。

「私、何度も転んじゃったじゃん？」

ほぼ黙ったままだった真由さんが、漸《ようや》く口を開いたのは、帰りの電車の中だった。

「私の身体に、誰かしがみついていなかった？」

口を開いたかと思ったら、何とも首を傾げたくなるようなことを言ってくる。冗談やめてよと笑い飛ばそうとしたが、真由さんは真剣な目で「正直に言ってね」と訴える。

何故そんな突拍子もないことを言い出したのかと問うと、ぽつりぽつりと話してくれた

内容は――。

　山の斜面での体験会には、千尋さん達三人組の他に、男女のカップルが参加していた。きゃあきゃあうふふと仲睦まじくパラグライダーに挑戦していたが、男性のほうが浮かぶことができずに苦心していたのを、千尋さんも記憶していた。

「あの男の人の足にね、人みたいなモノが抱きついていたの。そのせいであの人飛べなかったの。だからきっと私にも……」

　目鼻や口のないマネキンのような、灰色の人型《ひとがた》の「何か」だったという。

　千尋さんも友人も、真由さんやその男性にそんなモノがぶら下がっているのは見ていなかった。なので、

「大丈夫だよ。何も見えなかったよ。真由が見ちゃったのは、あの男の人に取り憑いていた何かなんじゃないの？　あの人ああ見えて、今までたくさんの女の人を泣かせてきて、恨まれていたのかも」

　怖がる真由を宥《なだ》めるために、ここはあの男性に悪者になってもらおうと千尋さんは考えた。だが、

「違う。あれは無差別に狙っていた」

頑《かたく》なに、真由さんはそれを否定する。一体何を根拠に？

「だって、あれは山から生えていたんだもの。下半身は山に埋もれていたんだもの」

山の木々や茸のように、その山の民はにょきにょきと斜面から伸びていたのだと真由さんはいう。

「上手くパラグライダーを操れなかったことが恥ずかしくて、真由がそんなことを言ったのだとか考えていません？」

正直に言ってしまえば、千尋さんに指摘された通りの可能性も、少しは頭をよぎった。

しかし彼女によれば、真由さんは中高は強豪校のテニス部で活躍していて、運動神経は三人の中で一番優れていたのだそうだ。

にも拘らず、何度も山の斜面で転んだのは、

「やっぱり、山人《やまじん》の仕業だと思うんですよね」

山人。命名・千尋さんから伺った、山の怪である。

# 寒くないんですか？

大学のスキーサークルの合宿にて。

ゲレンデ近くに借りたロッジで盛り上がって、気付くと深夜一時半過ぎ。

ふと窓の外を見ると、ゲレンデを歩く人影があった。

軽く吹雪く中、Ｔシャツに短パン。

Ｔシャツの人影はゲレンデを踏みしめるようにゆっくり登って、そのまま山の中に消えていった。

# スキーリゾート

菜々子さんが友人達とスキー旅行に行ったときの話だという。

今回の旅行に誘ってくれた洋介は、不動産関係の仕事をしている。

仕事で関わった案件で、新しくプライベートゲレンデを併設したホテルとリゾートマンションをオープンしたから、そこに行ってみないかとの誘いに乗ったのだ。

一行の誰もが初めて聞くスキー場だった。洋介の話によれば、今後はスキーリゾートとして売り出していく予定で、今はまだ設備も充実していないし客も少ないが、それだけに雪の状態は最高なのだという。

「俺、頑張ったんだぜ。初めて大きな仕事を任されたからさ」

どうやら彼の思い入れも大きいようだ。

早朝から二台の車で出発し、現地には昼頃に到着した。

高速を下りてから現地に向かう途中の山道で、逃げ出したくなるような不穏な感覚を覚えたが、それが何に由来するものかはよく分からなかった。彼女は、不思議なものを見たり感じたりすることがあるが、そこまではっきりと原因が見える訳ではない。何かしら嫌なことが起こりそうだなと思っただけである。

ただ、それにいつまでも拘っていることはできない。

楽しむべきときには楽しむべきだからだ。

車から荷物を取り出し、各人それを担いで部屋へと向かう。菜々子さんはリゾートマンションのほうに宿泊だった。急いで着替えて、皆でゲレンデへ出た。

関係者特権なのか、洋介がリフト券を用意してくれたので、夕方まで滑り倒した。

だがその最中にも、不穏な感覚が波のように押し寄せてくる。一体それが何を意味しているのか、彼女には分かりかねていた。

ただ、ずっと視線を注がれているような嫌な緊張感であったのは間違いない。

ゲレンデから戻り、夕食前にはホテル側にある温泉へ向かった。

女湯には菜々子さんを含め、一行の三人しかいない。

「それじゃ、また後で夕食のときに」

菜々子さん以外の二人は、早々と部屋へと戻っていった。彼女が最後まで一人でのんびり湯船に浸かっていると、立ち昇る湯煙の合間から人影が見えた。

他に誰か入っていたのかと、暫く目を凝らして見ていると、湯船から顔だけ出した男が湯煙の中を近付いてきた。

もちろん温泉は混浴ではない。それよりも、その恐ろしい形相はこの世のものではないように思えた。

急いで湯船から上がり、脱衣所へと逃げた。身体を拭くのもそこそこに、服を身に着けて走って部屋に帰った。


部屋では皆でわいわいがやがやと、夕食の用意に取り掛かっていた。

早々にビールを飲んでいる者もいる。賑やかな空気に、菜々子さんはほっと息を吐いた。それと同時に先刻の恐怖が改めて襲ってきた。

普段から、不思議なものを見かけることはある。

気のせいだと思ってやり過ごしてはいるが、中にはそうではないものも混じっている。

この世ならざるものが見えてしまうのは、もはや体質なので仕方ないが、あちらから敵意を持って近付いてくるのは初めてだ。

あの顔は、何に怒っているのだろう。

事情は分からないが、良い感じはしない。この旅行は大丈夫だろうかと心配になったが、予定では一泊だ。明日の昼前には帰ることになっている。

鍋を囲んでの夕食が始まり、思い思いに会話をしながら楽しい時間を過ごしていたが、友人達が、折角だから寝る前にもう一度温泉へ行こうと盛り上がり始めた。

水を差すことになるのは分かっていたが、菜々子さんは、先ほど温泉で体験した出来事を皆に話した。

友人達は長年の付き合いで、彼女の体質には理解があり、揶揄《やゆ》することもない。皆怖がって、温泉へ行くのは中止になった。

その晩は何事もなかったが、菜々子さんにはもやもやしたものが残っている。

あの湯船の男からは激しい怒りを感じたが、一体何に怒っているのだろう。

気にはなったが、それ以上は考えても解決しそうになかった。

二日目はゲレンデには出ずに近隣を観光がてら帰る予定となっていた。

菜々子さん一行はのんびりと朝食を済ませ、荷物も全部車に積み、後は出発するだけとなった。するとホテルのラウンジでコーヒー飲んでから出発することにしようぜと、運転担当の友人達が言い出した。

特に反対する理由もない。その言葉に皆で連れ立ってラウンジへと向かう。

そこは日本庭園造りの中庭が見える落ち着いた雰囲気の一角だった。温かいコーヒーが無料で提供されているのがありがたい。それを飲みながら雪化粧をした庭園を眺める。

突然、激しい頭痛に襲われた。それとともに、今までに体験したことのないような耳鳴りが響く。

周りの音が消え、誰かがボソボソと話しているような声が頭の中に直接響いてくる。

突然のことに戸惑っていると、その声が次第に大きくなった。

苦しい苦しいと恨み言を繰り返す声。

ここから出してくれと訴える叫び。

昨夜の温泉の男性の顔が脳裏に浮かんだ。その途端、怒りの感情に身を焼かれるような息苦しさ。もう立っていられない。

「土地を荒らされた。色々と奪われた。皆苦しんでいる」

敢えて言葉にするならば、強い無念の気持ち。

菜々子さんは、昨日このスキーリゾートへ至る道で感じた不穏な感覚を思い出した。

スキーリゾートの開発で、何かあったのだろう。

土地を荒らされ、安らかに眠ることができなくなった魂が訴えかけてきたのは、ただの偶然ではないはずだ。

今回の旅行を誘ってくれた洋介のことが気になった。

彼はここの開発に関係している。きっと彼がトリガーだ。

大丈夫なのだろうか。

視界の隅でコーヒーを片手に無表情のまま立ち尽くしている彼には、この声は聞こえてないらしい。

「洋介君！」

しゃがみ込んだ菜々子さんから呼ばれて、彼も何か容体がおかしいことに気付いたらしい。他の友人達もぞろぞろと集まってきては、大丈夫かと心配そうに言葉を掛けてくる。

「雪で覆われて全く見えないけど、この辺一帯って、もしかして古いお墓だったんじゃないの？」

頭痛に耐えながら小声でそう告げると、洋介は顔色を変えた。

土地の買い付けをしたときに、確かに一帯に墓地が広がっていた。しかし、墓は全部他へ移動したと、彼は言い訳するように口にした。

「そんな古いお墓なら、土葬だったんじゃないか」

別の友人が口にした。

すると、洋介は、確かに工事の際に人の骨も出てきたという噂もあったが、自分の担当ではないからよく分からないのだと言った。

「あのね。すごい怒ってる人たちがいるんだよ」

墓石だけ移されても、骨が移されていないということは、今もホテルの下か、ゲレンデの下にあるということだろう。

そうなると、誰も墓参をして慰めることもできないということだ。

このままではホテルでも、プライベートゲレンデでも、何が起きるか分からない。

お化けが出るといった噂が立つのも不本意だろう。

菜々子さんは、無念の感情を伝えてくる何者かに、心で繰り返し語りかけた。

「皆にも分かる形で現れることはできますか？」

すると、庭園の石に積もった雪が、次第に一目で男の顔と分かるような形に変形していった。昨晩の男性の顔だった。

菜々子さんがそちらを指差すと、一行はざわめいた。

「顔だ！」

「何あれ。今、顔になったのかよ。あれ、菜々子のせいなのか」

友人達は驚いてはいるが、不思議なことに怖がってはいないようだ。

「洋介、謝れよ。いい加減なことして悪かったって。俺達も一緒に謝ってやるからさ」

友人達は、その場で黙祷《もくとう》を始めた。もちろん洋介も深く頭を下げている。

暫くすると、ふわりと空気が軽くなった。

聞き取ることはできなかったが、最後に何か感謝するような声が皆にも聞こえたらしい。

石に浮き出た雪の顔は、どさどさと地面に落ちて、跡形もなくなっていた。

# 山の母娘

半年ほど前、井口さんは親友の美津子さんから呼び出された。待ち合わせ場所は、高校時代によく通ったファーストフードだ。

約束の時間より少し早めに到着すると、既に美津子さんは待っていた。胸の辺りで小さく手を振っている。ポカンと口を開けてしまったのには理由がある。

トレードマークの長い髪が短髪に変わっていたからだ。あの美しい黒髪をどうしたのか。突っ立ったまま問い質す井口さんに、とりあえず座ってと美津子さんは笑った。

「聞いてほしいことがある。頼めるのは貴女しかいないの」

真顔に戻り、美津子さんは長い話を始めた。

美津子さんが嫁いだ村には、小さな山がある。標高三百メートルに満たない、所謂低山と呼ばれるものだ。

これといった特徴のない山だが、村人には大切にされていた。山裾には鎮守の森もあり、ハイキングや遠足に選ばれることも多かったのだが、それだけが理由ではない。この村独特の習慣によるものだ。村では、出生記念として植樹をするのである。

　したがって、山は村人達の幸福の象徴とも言えた。本人が寿命を終えた後でも木は残り、山から村を見守る。法事の日には、木を愛でるために山に登るのだという。

　植える場所は何処でも良いのだが、自ずと親族だけで集まっていた。

　例えば美津子さんの場合、夫と義母の一族が仲良く並んで立っている。義父は、他府県から婿養子として入ったため、自分の木はない。

　当然ながら、美津子さんにもない。いずれ産まれてくるであろう子には、木が用意される。既に、義母の隣に植えることまで決まっている。

　今現在の家族の力関係を表している気がする。とはいえ、植樹は結構ですなどと断れる訳がなかった。

　夫婦になって二年目に、美津子さんは子を授かった。気の早い義母は、植樹用の木を選び始めている。

「ハナミズキが良いんだけどねぇ、場所取っちゃうし。やっぱり私らと同じ白樫《しらがし》にしとこうかね、などと日がな一日、楽しげに独り言《ご》ちていた。

　依頼する業者は決まっているらしく、とんとん拍子で決まっていく。美津子さんには一言の相談もなしである。

一度だけ、写真を見せてもらっただけだ。初めて見た白樫は、何となく武骨で厳めしい木であった。その印象が義母の自己紹介のように思える。

どうせ植えたら植えっ放しで、手入れもしないだろうと決めつけ、美津子さんはそれ以上の興味を失った。

お腹の子は順調に育っている。白樫の手配も済んだ。出産に向け、着々と準備は進んでいた。

不安と忙しさはあるが、毎日が平穏無事だ。

妊娠二十週目に入って間もなく、穏やかな日々は唐突に終わりを告げた。

胎児の死亡が確認されたのである。女の子と分かり、名前を考え始めた矢先であった。

これは現実ではない、夢だと思い込もうとしても、身体と心に残る痛みがそうさせなかった。

死産証明とともに死産届の用紙が届けられた。病院の説明によると、二十二週未満の場合はそれだけで良いとのことだ。

出生届は提出しなくともいい。つまり、戸籍には記載されない。あれほど大切に育っていたのに、この世に存在しなかったことにされる。

そう理解した途端、行き場を探していた涙と嗚咽《おえつ》が溢れ出てきた。

美津子さんは、ごめんなさいと繰り返しながら一晩を泣き明かした。

賢く、美しい女性になるようにとの思いから智美と名付けた我が子は、僅かな遺骨とエコー写真だけを残して逝ってしまった。

自宅に戻った美津子さんは、居心地の悪い優しさに包まれながら日常を取り戻そうと頑張った。

ある日のこと、掃除を済ませた美津子さんは、ゴミ箱を開けて呆然とした。

白樫のパンフレットと発注書が丸めて捨てられていたのだ。それは、美津子さんにとって智美ちゃんを捨てられたのと同じことであった。

この瞬間、美津子さんの中で家族への信頼は粉々に壊れた。

分かった、そっちがその気なら、私も好きにやらせてもらう。誰が何と言おうと、社会がどうだろうと、あの子は確かに私の中にいたのだ。

美津子さんは、智美ちゃんが生きていた証明として、木を植えようと決めた。

白樫などという武骨な木ではなく、もっと優しい花を咲かせる木がいい。色々と調べ、オリーブに決めた。

花言葉は平和、優しい木だ。植える場所は決めてある。自宅から見える位置が良い。

何度も足を運んで決めた場所に、オリーブを植えた。日当たりも水はけも良さそうだ。ここなら、すくすくと育つに違いない。

それからも美津子さんは事あるごとに山に通った。新しい命を授かろうと誘う夫を冷ややかに睨みつけ、義母は赤の他人として扱った。


「十年経ったんだけどね。もう、できなくなるのよ」

涙を拭きながら話を聞いていた井口さんは、美津子さんの口調が変わったのに気付いた。何処か諦めたような口調ではない。もっとこう、切実な何かが含まれている。

「私ね、あと何カ月かで死んじゃうの。半年保ったら良いほうかな」

体調不良を疲労のせいだと思い込んでいた結果だという。それを知った夫は子作りを諦めた。義母からは他人扱いをされている。

美津子さんは、井口さんの顔を真っすぐ見つめながら話を続けた。


信じてもらえないかもしれないけど、オリーブの木と一緒に智美も育ってるの。

最初に見つけたときは驚いたわ。根元のところに、裸の赤ちゃんが転がってたんだもの。

でも、近付いたら分かった。智美なの。産まれたら、こうだろうなって思ってた通り。

抱こうとしても触れないんだけど、嬉しかったなぁ。やっと会えたねって泣いちゃった。

不思議なことに、木が育つと智美も育つのよ。

寝返りうって、ハイハイして、掴まり立ちして。こっちを見てニコニコ笑ってくれて。

それがもう、十年続いてる。

でも、あと少しでそれができなくなる。

だから——。


「これをオリーブの木に届けてほしいの」

そう言って美津子さんは、鞄の中から封筒を取り出した。その中には綺麗に束ねられた髪の毛が入っていた。

投薬で毛が抜け落ちる前に、切ったのだという。

「オリーブの根元には、大型の宅配ボックスが置いてある。そこに入れてほしい」

井口さんは南京錠の鍵と封筒を預かり、何度も頷いた。

その後、学生時代の話に花を咲かせ、井口さんは美津子さんと別れた。

それが最後の姿であった。

生前に名簿を用意してあったのだろう。葬儀の案内状が届き、井口さんは美津子さんの死を知った。

次の休日を待ってなどいられない。その日のうちに、勤務先に休暇願を出し、井口さんは山に向かった。

低いとはいえ、山である。分かりやすい地図は貰ってあったが、不安は隠しようがない。だが、山道に入った途端、その不安は消し飛んだ。何故か足がすいすいと進んでいく。地図を見ることなく、そこに向かっているのが分かる。

二十分ほど歩いていると、道が二つに分かれていた。迷うことなく左を選ぶ。

更に十分ほど歩くと、オリーブが見えてきた。山頂近くの日当たりの良い場所だ。オリーブの根元に宅配ボックスが置いてある。思っていたより大型のものだ。

小柄な美津子が、これを運ぶのにどれほどの苦労をしたのか想像すると、目頭が熱くなる。

早速、南京錠を解き、ゆっくりと蓋を開ける。ボックスの中を見た井口さんは、思わず口を覆った。

産着、可愛らしい衣類、ぬいぐるみ、ランドセル。ランドセルの中には、何処で買ったのか、教科書も入っていた。

年毎に記された誕生日カードもある。アニメのキャラクターの玩具や、世界中の綺麗な景色の写真もあった。

そこには、母親の思いの全てが詰められていた。

気が付くと、井口さんは声を上げて泣いていた。

預かっていた髪の毛をそっと置き、井口さんはボックスを施錠した。

持ってきた花を添え、手を合わせ、井口さんはその場を後にした。

少し歩き、ふと振り向くと、オリーブの根元に美津子さんが立っていた。

学生時代のように長い髪の毛で優しく微笑んでいる。その隣に、美津子さんによく似た少女が立っていた。

二人はしっかりと手を繋いでいたという。

# 266

その頃、瀬尾氏は山歩きを趣味としていた。

山歩きと言ってもハイキングや登山や狩猟のための野歩きとは趣が違う。利用者が殆どいない打ち捨てられた道、廃道を辿るのである。言うなれば酷道《こくどう》、険道《けんどう》の類を辿る旅の上級版といったところだろうか。

この日選んだのは、栃木県道266号線。戦後、塩原温泉、板室温泉と那須を繋ぐ塩那《えんな》スカイライン観光道路を山頂に通すに当たって、陸上自衛隊が道路開削訓練のため受託事業として引き受けたのだという。道筋を付けるためのパイロット版道路は一旦は貫通したが、そこを舗装して仕上げていく工事は未完に終わった。このため、ある程度までは車やバイク、自転車でも通行できるのだが、途中からは徒歩での移動になる。

友人達数人と隊列を組んで266号を歩く。が、勾配がきつい上に舗装は断続的。舗装されている場所であっても路面の状態も決して良くはない。険しいのがデフォルトの林道としてすら、だいぶ厳しい部類に入る。ここで体力自慢と単なる物好きの差が現れた。次第に隊列は延び、先頭と最後尾の距離はかなり離れてしまった。

険道とはいえ人造の道筋を辿っているのだから遭難ということもないだろうが、先頭を歩いていた瀬尾氏は中間地点で後続の到着を待った。

暫くすると、甲高い2ストエンジンの排気音が聞こえた。

途中、勾配がきつく、ちょっとやそっとのバイクが入れるような道ではない。だが、それ故にヒルクライムにチャレンジしたくなる気持ちも分からないではない。

そこに、最後尾の友人が到着した。

「いやあ、そこでバイクとすれ違ったんだけど、珍しいよね。この道を走ってるなんて」

「登ってきたバイクに追い越されたのか？」

「下っていくバイクとすれ違ったんだよ？」

道路外は深い藪と木々と所々土砂崩れで流された斜面、それしかない。バイクが通れるのは、開削されたこの道路しかないはずだ。

「そんなバイク、見なかったぞ。登りも下りも――」

これは四十年近く前、廃道巡りが趣味として認知されるより昔の話で、当時はまだ普通に通行可能だったそうだ。

県道266号は現存するが、現在、植生回復のため全面通行止めになっており、深山園地駐車場及び土平園地駐車場の先へ入ることは徒歩も含めて禁止されている。

# 山神

栃木県有数の観光地、ユネスコ世界遺産にも指定されている「日光の社寺」。明治時代の神仏分離令によって「二社一寺」と分けられるようになったが、元来「日光東照宮」、「日光山輪王寺」、「日光二荒山《ふたらさん》神社」一帯は「日光山内」と総称され、長きに亘って神仏習合の霊場として栄えていた。

奈良時代、山岳信仰の拠点として、勝道上人によって開山された日光山。そのうち日光二荒山神社並びに日光山輪王寺は、男体山、女峰山、太郎山の日光三山を、山岳信仰の御神体山として祀っている。

男体山の裾野に広がる中禅寺湖の湖畔で、代々観光業を営む岡部さんより伺った話だ。

日光市街と中禅寺湖を繋ぐ「いろは坂」は、男体山を目指す修験者や参詣者が開拓した道を元に整備された国道である。紅葉シーズンには多くの観光客が訪れ大渋滞となるこの坂で、かれこれ三十年ほど前に岡部さんの遠い親戚に当たる男性が、事故を起こした。

急な勾配とカーブが続く下り坂を走行中、スピードの出し過ぎで曲がり損ねたのか、ガードレールに激突した状態で男性の車が発見された。

ガードレールは大きくひしゃげ、車もフロント部分がガラスも含め大破していた。ブレーキ跡などの状況から男性の自損事故と分析されたが、運転手である男性本人からその証言は得られなかった。

男性は事故現場から姿を消し、行方不明になっていた。

しかし、車の損傷の状態から鑑みて、男性は動き回ることなどできないほどの大怪我を負っているとの見解が出た。事故を起こしたショックで逃げ出したとか、打ちどころが悪くて記憶をなくし現場から立ち去ったなどとは考えられなかった。シートベルトの着用義務が、一般道ではまだ法制化されていなかった時代だ。事故の衝撃で、身体ごとフロントガラスから飛び出した可能性も高い。

直ちに、いろは坂周辺の大捜索が開始された。警察を始め地元の消防団、自治体の有志が集まり、五十人ほどの大所帯でくまなく捜索を続けたにも拘らず、男性は見つからない。既に遺体となって、付近に出没するツキノワグマなどの野生動物に持ち去られた可能性も考えられたが、その際でも何らかの痕跡が残るはずなのに、それも一切見られない。

いろは坂の地形をよく知る岡部さんも捜索に駆り出されたが、日数だけが無駄に過ぎていき、成果は全く得られなかった。

「今はまだ見つからない。数カ月後にもう一度探せ」

地元で霊能者として占いや祈祷を生業にしていた一人の高齢女性が、駐在所にそんなお告げをしに現れた。

「捜索隊にはあの男を呼べ。見つけるのはあいつだ」

霊能者にそう名指しされたのは、岡部さんの再従兄弟《はとこ》の正浩さんだった。岡部さんと同年代で、当時彼は郷里を離れ都心で暮らしていたため、捜索には参加していなかった。

殆どの人間が霊能者の発言を出鱈目だと言って信じず、事故の一件は当の正浩さんに伝わることはなかった。

その後も捜索は規模を縮小しながらも続いたが、行方不明になった親戚の男性は、発見されずじまいの日々が続いた。

そして事故からひと月ほど過ぎた頃――。

男性の遺体が、ついに発見された。

仰向けで眠るように横たわった状態で、彼が見つかったその場所は、捜索隊が何度も何度も探した小山の影であった。見逃していた訳がない。事故当時からそのまま放置されていたのだったら、山に住む動物に食い荒らされているはずだろうに、遺体は傷一つなく腐りもしていなかった。しかし全身を覆った肌は、筋肉を構成する筋線維がうっすらと浮かび上がり、異様に赤く変色していたという。

そしてその遺体を発見したのは、霊能者のお告げの通り、正浩さんであった。彼が所用で里帰りした日が、丁度捜索日に当たっており、急きょ正浩さんも参加することになった。岡部さんも含めた捜索隊が、二人一組となって山中を探し歩いていたところ、

「見つけた」

と、正浩さんの組から無線で連絡を受けたのだと、岡部さんは当時を振り返る。

正浩さんには同行者がいたし、捜索当日まで遠い親戚の男性が行方不明になっていたことは聞かされてもいなかったので、彼が遺体を何処からか運んできたということはあり得ない。

霊能者の言葉が、真実となったのだ。

男性の死因には、事故による衝撃で髄液が漏れ出たことなどが上げられたようだが、ひと月も遺体が見つからず、発見時には余りにも綺麗な状態だったなど、常識では理解できないことが多かった。にも拘らず、

「神様が、隠していらっしゃったんだろうなぁ」

周囲のそんな言葉で、全部うやむやのまま片付けられてしまったのだと、岡部さんは記憶している。

全てを言い当てた霊能者を名乗る女性は、自慢することも誇らしげに吹聴することもな

く、以降その存在すら噂にされなかったという。まるで、彼女こそが神の存在であったかのように。

神仏が宿ると信じられた山岳信仰の聖地・日光。東照宮だけではない、パワースポットの宝庫である同地に是非訪れ、みなぎる気力を体感していただきたいと、栃木在住の筆者からも加えてお伝えする。

# 樹

山本君の高校時代の話である。

ある日、部活のときに先生のあだ名についての話になった。

先輩は、古典の木村先生のことを〈樹に追いかけられた先生〉と呼んでいた。幾ら何でもそのあだ名はおかしいのではないかと指摘すると、先輩は意外そうな顔をした。

「まだお前の代じゃ話してもらってないのか。それなら授業中に木村に強請《ねだ》ってみるといいよ」

そう言うと悪戯《いたずら》そうな表情を見せた。

先輩のアドバイスに従って、山本君は木村先生に「先生が家まで樹に追いかけられたって話をしてくださいよ」と強請り続けた。それが功を奏してか、先生は渋々といった様子で、授業中にも拘らず、その話を披露してくれた。

今はもう五十代になっている木村先生だが、彼がまだ新米教師で免許取り立ての頃の話だ。ある日、母親から祖母に荷物を届けてくれと頼まれた。祖母の家までは細い山道を通っていかなければならない。まだ初心者マークも取れていない木村先生にとっては、そこまで行くのには少し勇気が必要なことであった。

時計を見れば、まだ昼前だ。今すぐ家を出て荷物を祖母の家まで届けてすぐにとんぼ返りしてくれれば、夕方までには戻ってこられるだろう。

「それじゃあ今から行ってくるよ」

母親に、そう伝えて家を出た。

しかし、道行きは思った以上に困難だった。

普段なら助手席に乗って母か父の運転する車に揺られているだけだったが、自分で運転するとなると勝手が違う。

急な坂だなと思うだけだった坂は、本当に車が上れるのかと思うほどの急坂で、ただの細い道と思っていた山道は、ガードレールもなく、対向車が来ないことを祈りながらの運転となった。

結局祖母の家に到着したのは、想定していたよりも一時間半以上も経過した頃だった。

母が連絡してくれていたらしく、木村先生が訪れることは事前に分かっていたようだが、一人で運転してくるとは思っていなかったらしい。祖母も年上のいとこ達も、大いに歓迎してくれた。歓談しているだけでも時間は飛ぶように過ぎていった。

「明日は日曜だし、今日はもう泊まっていけよ」

いとこからそう声を掛けられて時計を確認すると、もう二十時を回っている。

お言葉に甘えますと言いたいところだったが、木村先生には翌朝早朝から仕事が入っていた。部活の引率があるのだ。急いで帰らなくてはいけない。

事情を説明すると、祖母もいとこも眉を曇らせたが、仕事ならば仕方がないねと送り出してくれた。ただ、何かがあったらすぐに戻ってくるんだよと言ってくれた。ありがとうございますと礼を返すと、木村先生は車に乗り込んだ。


車を走らせてからすぐに後悔することになった。慣れない山道に加えて、雨がパラパラと降り始めたからだ。道は舗装されているのでぬかるみにはまり込むなどということはないが、いかんせん視界が悪くなるとハンドルを握る手に力が入ってしまう。

雨は意外と早く本降りになった。山の天気は変わりやすいというが、これがそうなのだろう。

「まいったなぁ」

ガードレールもない山道を飛ばす訳にもいかず、木村先生は精一杯注意深く車を走らせていく。そのとき、耳に不思議な音が届いてきた。

最初は木の枝が車体を擦る音だと思った。

乾いた軽い枝先が、車体に当たって音を立てながら折れて地面に散る。そんなイメージが頭の中に浮かんでいた。

しかし、往路には道路の中ほどまで枝が突き出たような箇所はなかった。雨が降ったくらいで、そこまで枝ぶりが変わるものでもないだろう。

前を向いて運転しているだけでも余裕がなかったため、バックミラーを見ていなかったが、木村先生は音が気になって、ミラー越しに背後を窺《うかが》った。

だが、背後は真っ暗闇だ。

暫く走っていくと、先ほどからのパキパキという軽い音が、次第に大きな音に変わり、あたかも生木を裂くような異様な音を轟かせている。

背後にトラックでも走っているのだろうか。しかし、ヘッドライトの光も確認できない。すぐ後ろに何か巨大なものが追いかけてきているような気配を感じるのだが、果たしてこれは気のせいだろうか。

木村先生は、一度路肩に車を停めることにした。とにかく追い立てられているような感覚に、嫌気が差したからだ。

抜くなら早く抜いてくれよ。そう思って待っていると、背後から真っ黒な何かが蠢きながら接近してくる気配を感じた。

　バックミラー越しではよく分からないが、巨大な猪の類かもしれない。そうなると、追突されればただでは済まない。現実的な恐怖に、木村先生はアクセルを踏んだ。

　雨はもう嵐に近い状態になっている。背後で木々が裂けるような恐ろしい音が響いている。そのとき稲妻が光った。続けて周囲を震わせる雷鳴の轟音。

　その一瞬の間に、木村先生は自分の車のすぐ後まで追いついてきているものの正体を理解した。

　枝と枝とが絡み合った、巨大な樹のような化け物が、こちらに向かって突っ込んできている。

　両腕に相当する太い枝を、まるでクロールをしているかのように大きく回している。

　にわかに存在は信じられなかったが、車を停めて突っ込まれでもしたら被害は甚大だ。最悪命の危険だってある。木村先生は、必死に山道を下り続けた。

　カーブのたびにタイヤが軋《きし》むような音を立てる。必死にハンドルを握りしめ、事故を起こさないように細心の注意を払う。

　擦り切れるような緊張感の連続だったが、ついに国道に出て交差点にある信号の光が目に入った。その信号が目の前で青に変わったことは、奇跡のようなものだろう。木村先生は国道に入ると、自宅方面を目指した。

もう背後に、あの化け物はいない。パキパキという音も耳には入らない。

やっと逃げ切ることができたのだと、深く深く安堵の溜め息を吐いた。

自宅に戻ったのは、日付が変わってからだった。普段は早く休む母親が玄関先で帰りを待っていた。

どうしたのかと問うと、母親は、どうやって帰ってきたのか、どの道を通ってきたのか、途中で何があったのかと矢継ぎ早に質問を投げてきた。ついには感極まったのか、大粒の涙をぼろぼろと零し始めた。

訳も分からず母親を宥めながら家に上がり、いつもの道を急いで帰ってきたのだと説明すると、彼女は納得のいかない顔でテレビを指差した。

画面には、土砂崩れで閉鎖された道路の情報が映っている。

母親の説明では、木村先生が祖母の家を出てすぐに連絡が入り、その直後に土砂崩れが発生したというニュースが流れたとのことだった。

祖母の家のほうでも、すぐに引き返してくると考えていたようだったが、戻ってくる気配がないので、土砂崩れに巻き込まれたのではないかと気が気ではなかったようだ。

木村先生はその場で祖母宅に連絡を入れて無事を伝えたが、集落からの一本道での土砂崩れをどう迂回したのか、何度も確認されたという。

後に聞いた話では、今でもこの話を披露しているかまでは分からないが、当時は毎年何処かのクラスで自らの体験を話していたようだ。卒業生も大方その話を覚えている。先生の名前は忘れても、「樹に追いかけられた先生」というのは忘れないものらしい。

「あのとき、渋々というのも演技だったかもね。でも、俺も地元が近いから分かるんだけど、木村先生の話は嘘じゃないと思うんだよ。時々聞くんだ。そういう動く樹の影みたいなものがいるって話。それが何かは分からないんだけど」

山本君は不意に真顔になって、そう話を結んだ。

# 峠

いつもの癖で指一本分開けたパワーウインドウから、雨粒とともに妙に生暖かい空気が流れ込んできた。草いきれと土の匂いが入り混じって、疲れ切った頭をかき混ぜる。

この道、いつまで続くんだよ。花園さんは独り言《ご》ちた。


四半世紀ほど前。商用で出かけた新潟からの帰り道のこと。

夕陽を背に受けつつ磐越道を流し、県境の山越えに差し掛かろうとしていたのだ。

電光掲示板に「ここで出よ事故通行止め」の文字、これがけちの付き始めであった。

磐越道は日本海側と東北とを結ぶ大動脈である。トラック、ダンプ、タンクローリー、乗用車、商用バン、またトラックと、ぞろぞろと列をなして一般道へ流れ出す。

けれども、行きつく先は皆同じ国道四十九号である。片側一車線、山の中の一本道にテールランプが延々と続く。四方から沁み出してきた夜が周囲を黒く染め、クリスマスのイルミネーションのようにも見えた。

のろのろと少しだけ動いて車列は停まり、思い出した頃にまたのろのろと動く。

喉が渇いても車窓は木々ばかり、腹が減っても森ばかりである。

これでは仙台に帰り着くのは、今日中どころか朝になっても無理かもしれない。

花園さんは道路地図を取り出した。何処か、抜け道はないのか。室内灯をぱちんと灯し現在位置を想像し、あてもなく指を走らせる。

南へ北へ、山中を縫うように流れる阿賀川《あががわ》。可能な限り直線ルートで会津へ向かおうとする国道四十九号。その北側に、あるときは阿賀川に、あるときは飯豊《いいで》山地の山裾に沿って、集落の合間を進む道が描かれている。

通ったこともない道だが、一応は国道らしい。青い案内標識を見るやすぐにハンドルを左へ切った。


その国道は、しかし、選択したことをすぐに後悔させるルートであった。

センターラインは程なくして姿を消して、林道に毛の生えた程度の細道がずんずんと山奥を目指していく。真っ赤な鉄橋を越えると武骨なスノーシェッドが覆いかぶさって、その合間に幾つものトンネルをくぐる。オレンジ色のライトに照らされた岩肌には湧水が流れ、あたかも巨大生物の食道に飲み込まれたかのようである。

トンネルを抜けたかと思えばガードレールからはみ出した枝がボディを容赦なく叩き、

荒れた舗装に穿《うが》たれたあばたを踏むたびにＣＤが音飛びをした。同じ箇所を繰り返したかと思えば、突然何小節も先に旋律が移る。

お気に入りの曲を台無しにされた花園さんは、パネルを叩いてラジオに切り替えた。

こんな山中でも電波を拾っているのは幸いであったが、ＤＪの軽口にも流行りの曲にもまともに耳を傾けることなどできはしない。

カーブを一つ曲がるたび、アップダウンを一つ越えるたび、地の果てへ分け入っていくような気がした。路傍には一軒の人家もなく、いや、家の形をしたものが建っていても、無人であるのか明かりが灯っていなかった。

路肩へ転がり落ちぬように気を取られながら、目線はチラリと腕時計へ落とす。

まだ二十一時だぞという思いと、もう二十一時なのかという思いが同時に去来する。

途中、無人駅を思わせるコンクリート製の小箱にだけ電気が灯っていたが、弱々しげにちらつく蛍光灯は却って瀕死の羽虫を思わせて花園さんの気持ちを暗くさせた。


いつの間にか降り始めた雨が、フロントガラスに斑点模様を作り出す。

靄《もや》とも霧とも付かぬ白いものが、じわりじわりと山襞《やまひだ》から這い出してくる。

ただでさえ乏しい視程が、どんどん落ちていく。今何処にいるのかすら分からない。

ただ、惰性で前へ進んでいるのだ。もはや心も萎えている。頭が朦朧《もうろう》としている。

この道、いつまで続くんだよ。何度目かの独り言である。

電波もいよいよ入りづらくなったと見えて、ＤＪの声が次第に弱まった。

軽妙な語り口は朴訥《ぼくとつ》としたものになり、気付けば声の主は女性に変わり、途切れがちな電波の中で漏れ聞こえるそれは何やら同じ言葉を繰り返しているようであった。

「何処から来たの」

不意にはっきりと聞こえた台詞は、カーステレオからではなく、もっと近いところから発せられたように思われた。

いや、もしかすると、電波が再び入り始めたのかもしれない。

一度パネルに視線を落とした花園さんは、顔を正面に戻して今度こそ悲鳴を上げた。

いる。立って、いる。ずらりと、いる。

右へ左へ七曲りする峠道、崩れかけの路肩、何処までも広がる杉林。路傍に並ぶ木々の合間に照らし出される、女、女、女。一体何人いるのか数えきれない。

皆同様に半袖丈の、くすんだ色のワンピースを着て、だらりと伸びた腕は異様に白く長い。襟から上がこちらを向いているような気がして、それ以上は見ていられなかった。

右足に力を込める。エンジンが呻《うな》りを上げる。

視界の隅を森が、並んだ女が通り過ぎていく。女は皆、同じ顔をこちらに向けている。

「何処から来たの」

カーステレオは相も変わらず同じ台詞を繰り返す。

びたん。ばたん。びた、ばた。びた、ばた。ばたばたばたばたばたばた。

濡れた雑巾をボディに叩きつけるような音が後方から聞こえてくる。

自分の車に何が起きているのか、想像したくもなかった。

決して追いつかれてはならぬ。更にエンジンを回す。速度計の針は八十キロを指そうとしている。タイヤがキュルキュルと叫ぶ。


集中力が限界に達しかけていたそのとき、不意に視界が真っ白になった。

「工事中通行止め」の看板。くるくる回る赤色灯。居並ぶ重機。

即座にブレーキを踏み、三角コーンぎりぎりのところで何とか行き足を止める。

面倒臭そうにやってきたガードマンが、投光器の明かりを背にして言った。

「この先、道路拡幅工事で通行止めなんだけどなぁ」

そんなことを言っている場合じゃないんです、行かせてください。

「さっきから看板出してたんだけど、お宅、見なかった？」

早く車を出さないと、追いつかれてしまうんですよ。

「ここで車回していいから、戻ってくれないかな」

女がそこまで追っかけてきてるんですよ今更引き返せる訳がないじゃないですか。

花園さんは思わず声を荒らげた。杉林に同じ女が何人も並んでいること、車を無数の手で叩かれたことをこれでもかと言わんばかりにまくしたてた。

信じてもらえないのではないか、頭の変な奴と思われるのではないかといった迷いは、一切なかった。否、迷っている余裕がなかったのかもしれない。ただ、伝えたかった。

「ああ、あんたもあれ見たのか。でも、ほんとにこの先は通れないしなぁ」

そう言うとガードマンは、無線で誰かを呼び出した。


結局、花園さんは元来た道を引き返したのである。ただし、建設残土を積んだダンプが先導につき、花園さんの隣には土木作業員の姿があった。路肩を見誤って事故を起こすと危ないから、と手を挙げて乗り込んでくれたのだ。

工事を始めるに当たって、地鎮祭の類を一切行わなかったこと。仲間が何人も同じ目に遭っていて、それが原因でいつまでも工事が終わらないこと。あれが何なのか皆目見当も付かないが、とにかく、ここは陽が落ちてから一人で通るような道ではないこと。

道すがら、疲れ切った表情でそんなことを作業員は語った。


「あれ、お客さん、これ何なんすかねぇ？」

ガソリンスタンドの店員が素《す》っ頓狂《とんきょう》な声を上げた。

そうだろう、何も言わずとも分かっているのだ。手形がびっしり付けられた車を、何の説明もなく洗車に出したらこんな反応がくることは、予想は付いていた。

――ああ、すみませんね。多分近所の子供が悪戯したんだと思うんです。こんなに手形付けて、困っちゃいますよね。

やれやれと言った表情を作って、花園さんは釈明した。

「いや、違うんす。ほらこれ、リアワイパーに」

何本も何本も執拗《しつよう》に絡みついた長い黒髪を指で引き抜きながら、店員は言った。

車は、その日のうちに手放した。以来、どんなことがあってもこの峠は通らない。

# 呼ぶ山

柴田さんから聞いた山の話。

それは、柴田さんの自宅から見える山だ。歩いて五分も掛からない。名前はない。雑木だらけで何の役にも立たない山だ。

噂によると所有者は複数。原野商法で騙されて購入したのだとも言われている。そのせいか、持ち主らしき人を見たことがない。

というか、人そのものに出会わない。柴田さんが子供の頃から放置状態だ。だが、大人には価値がなくとも子供にとっては宝の山だ。

幼い柴田さんは、その山で思う存分遊び尽くした。特にお気に入りの場所は、山の中腹部にある洞窟だ。

どうやら長年掛けて作られた物らしく、穿たれた穴はある程度整えられている。

奥の壁に絵が描かれていた。辛うじて仏像と分かる程度の代物だ。信仰の場とは思えない場所だが、とりあえず休憩場には丁度良い広さだ。

柴田さんは、ここで勉強やゲームに勤しんだ。場所は誰にも教えていない。元々、一人でいることが好きな柴田さんにとって、この洞窟は最高の別荘だった。

中学生になっても、柴田さんは洞窟に通い詰めていた。両親には、山で自然観察をしているると言ってある。

相変わらず、山には誰も来ない。静かな時間が流れている。

こうしていられるのも、あと少し。大学生になったら、都会に出ていくつもりだ。

今のうちに、ここで一日を過ごしてみたい。特に夜だ。ここで満天の星を見上げたら、どんなに素敵だろう。日増しにその思いが強くなってくる。

ある夏の日、その思いを叶える絶好の機会が訪れた。両親が町内会の一泊旅行に出かけることになったのだ。

意気揚々と留守番を引き受け、柴田さんはその日を待った。

当日、両親は早朝から出かけていった。笑顔で見送り、自室へと取って返す。

食料、毛布、懐中電灯など、必要なものはリュックサックに詰めてある。焚き火や花火なども思いついたが、万が一の事故を考えて止めておいた。

あくまでもあの場所で一晩を過ごすのが目的だ。

通いなれた道を洞窟へと向かう。晴れ渡った空が気持ちいい。山はいつものように静かだ。

洞窟に到着した柴田さんは、とりあえず寝場所を作った。星空が見える位置に毛布を敷く。

それだけで気分上々である。ぼんやりと空を眺め、村を見下ろし、時の流れをゆっくりと味わう。

そしていよいよ夜が訪れた。洞窟の中央に置いた懐中電灯が、適度な間接照明になっている。その明かりのもと、持ってきた夜食で腹を満たす。

食べ終わり、洞窟の外に出て夜空を見上げた。すぐそこに星が溢れている。地上で見るのとは、明らかに異なる景色だ。思わず歓声が漏れた。

もっと明瞭に見たくなり、柴田さんは懐中電灯を消した。その瞬間、月明かりだけでは賄いきれない闇が生まれた。

確かに星空は鮮明になったが、流石に少し怖い。柴田さんは、再び懐中電灯を点けた。だが、十秒も経たぬうちにじわじわと暗くなっていく。思いのほか、電池が古かったようだ。

当然、新品を持ってきている。リュックサックは洞窟の奥だ。歩き出した直後、完全に明かりが消えてしまった。目が慣れないせいか、真っ暗である。

柴田さんは洞窟の壁に手を添え、奥へ歩いた。少し進んでは足先でリュックサックを探す。何度目かに、それらしき物に当たった。

それにしても暗い。足元にあるはずのリュックサックが全く見えない。その場にしゃがみ込み、手探りする。

どうにか見つけ出し、これもまた手探りで電池の交換を済ませた。

無事に点灯し、辺りはまた明るくなった。リュックサックを閉じ、顔を上げた柴田さんは思わず悲鳴を上げた。

壁に描かれた絵のすぐ下に、老婆が座っている。ボロ雑巾のような着物で痩せこけた身体を包み、皺《しわ》だらけの顔で柴田さんを見つめている。

確かにさっきまでいなかったはずだ。後退りする柴田さんに向かい、老婆はゆっくりと口を開けた。

「柴田。柴田浩一」

しゃがれた声で本名を呼ばれた。返事をする余裕などない。

絶対におかしい。あり得ない。間違いなくこの世のものではない。

柴田さんは、後も見ずに飛び出した。勘だけを頼りに、山道を走っていく。通いなれた道だからこそできたことだ。

その間も、老婆の声は遠く近く聞こえてくる。余計なことは一切言わない。ただひたすら名前を呼んでくる。まるで歌うように楽しげな声だ。

山道を抜けた途端、声は止んだ。自宅が見えてくるまで、そのまま走り続ける。

無事に到着した柴田さんは、声を上げて泣いたという。その夜は布団をかぶり、朝までまんじりともせず過ごした。

昼近くになり、玄関先で両親の声がした。安堵の余り、また泣きそうになりながら、柴田さんは玄関に向かった。

いつも通り、朗らかな笑顔で父と母が冗談を言い合っている。日常だ。これが本来あるべき日常なのだ。

あの老婆は、何か納得がいく方法であの場所にいたに違いない。自らに言い聞かせようとしたが、冷静な自分が反発する。

名前はどうやって知ったのか。それがどうしても分からない。心の片隅に染みを付けたまま、柴田さんは日中を過ごした。

夜になり、家族揃って夕餉《ゆうげ》を楽しんでいるときのことだ。

唐突に父が箸を止め、「はい」と言った。

どうしたか訊かれた父は、不思議そうに答えた。

「いや、呼ばれた気がして思わず返事しちまった。柴田俊和って。お婆さんみたいな声だった」

気持ち悪いこと言わないでよと母に言われ、父はそれきり黙り込んだ。

翌日、出勤した父は気分が悪くなったといって早退してきた。

そのまま、寝たきりになってしまった。時折、大きな声で「はい」と返事をしている。

食事も睡眠も最小限しか摂らないため、骨と皮だけで辛うじて生きていたのだが、寝込んで半年後に亡くなった。

どうやったのか分からないのだが、山のほうを向いて座ったまま死んでいた。

父の葬儀を終えた夜。

仏壇に手を合わせていた母親が、唐突に「はい」と言った。

嫌な予感がする。柴田さんは慌てて母に近寄った。

「母さん、どうしたの」

「え？　あ、いや呼ばれた気がして。フルネームで前田貴子って。何で旧姓なのかしら」

翌日から母は、父が寝ていた布団から出てこなくなった。時折「はい」と返事をし、父よりも二カ月だけ長く生き、父と同じように山のほうを向いて座ったまま死んでいた。

両親を殺してしまったのは自分だ。柴田さんはそう確信している。

今度、名前を呼ばれたら元気良く「はい」と返事をするつもりだという。

# 肝試し

　その地域の小学校や中学校では、近隣の山にあるキャンプ施設に足を延ばして、自然教室という形の授業時間外活動が行われている。笹原さんが小学校六年生の頃にも、その自然教室が開催された。

　ただ、彼女には不安が一つあった。既に年上の親戚の子からも聞かされていたが、初日の夜に肝試しがあるというのだ。それはお約束のように毎年開催されているようで、何人かの組に分かれて先生の決めたコースを回るというものだ。

　想定通り、初日の夜には、その肝試しが開催された。夕飯後、暗くなってから、宿の外へと移動させられた。周囲は背の高い木々に囲まれており、不気味な感じもした。

　懐中電灯を持った先生がクジで決まった四人グループで整列するようにと促す。

　子供達が並んだ頃合いを見計らって、先生が話を始める。それは自然公園の東端にある、小さな祠についての話だった。

昔、両親と死に別れ、祖母の手によって育てられていた子供がいた。彼は周囲からのいじめに遭い、酷い悪戯者として成長した。

周囲はそれに困り、子供を殺すことに決めた。

そして子供は殺された後に、村に祟りを引き起こし、それによって何人もの人が苦しんで亡くなった——。


それは、この地に伝わる伝説だ。そこまで有名なものではないようで、地元の人間でも知らない人もいる。だが、子供達は先生からこの話を雰囲気たっぷりに聞かされてから、肝試しのゴールへと向かうのだ。

笹原さんは憂鬱だった。肝試しも怖かったが、それだけではない。彼女のグループは一番最後に割り当てられていたのだ。

彼女の嫌いな先生がにやにやと笑い顔を浮かべながら、嫌がらせのように、待機中の彼女達に、次々と怖い話を呟く。

やっと笹原さんのグループの番が巡ってきた。

懐中電灯一本を手渡された。この一本だけを持ってゴールを目指すのだ。

暗闇へと足を踏み出したが、心細く、足取りも重い。

暫く歩いていくと、周りの三人が何度も後ろを振り返る。

理由は分かっている。ずっと誰かが後ろからついてくる足音がするのだ。

笹原さんも先ほどから気になってはいたが、恐怖で振り返ることができない。

最初は驚かし役の先生の足跡だろうと考えていたが、足音の様子から、自分達と同じ子供のように思えた。

「……子供だよね」

耐えられなくなったのか、グループの一人の女子が呟いた。

その呟きを聞きつけたのか、後ろからつけてくる足音が、ほんの少し距離を詰めたような気がした。

無意識に皆の足取りが速くなる。

――怖い。

懐中電灯の仄《ほの》かな明かりが、パッと消えて、また点灯した。

最初は明るかったはずの懐中電灯の光は、すぐにでも途切れそうな暗さだ。

不意の出来事に四人とも立ち止まり、再度歩き始めようとしたときに、背後から声がした。

「おいてかないで」

男の子の声だった。

笹原さんは振り返って、懐中電灯を声のした方向に向ける。

しかし、照らしてみても、何処にも誰もいない。

「いくよ！」

彼女は三人に声を掛けて駆け出した。


ゴールで待っていた先生に涙を堪《こら》えながら伝える。

「今、ずっと男の子が付いてきてたんです！」

他の三人も同意してくれた。

先生達は、その場で男の子を探しに行ったが、暫く経っても見つけられなかった。


静岡県の山中にある宿泊施設での出来事だという。

# 山の道

桑原さんが産まれ育った村は、山の麓にある。

山は東側にあるため、日照時間が短い。年間を通じて雨が降りやすく、冬場は雪が多い。

世間一般の目から見ると、かなり暮らし難い土地だ。しかも桑原さんの家は、山を背負う場所にあった。

生け垣の外側から傾斜が始まり、階段状の斜面になる。以前、段々畑を作ろうとして失敗したらしい。そのせいか、高い木は殆どなく、頂上付近まで藪が続く。桑原さんの家も、畑を潰して建てられたものだ。

生活環境は全く考慮されていないため、山側に面した部屋は、陽も当たらず、窓を開けても青臭く湿った風が入ってくるだけだ。

下手をすればムカデやスズメバチなどの害虫が侵入してくるため、常に閉められていた。

桑原さんの自室は二階の山側だ。当然、窓は閉めきられている。カーテンも閉じたままだった。

ある日のこと。

受験勉強に疲れた桑原さんは、久しぶりにカーテンを開けた。緑で目を休めようとしたのだが、思いもよらないものを見てしまった。

藪の中に、老婆が立っている。少し離れた場所だが、表情は分かった。ぼんやりと辺りを見回しているようだ。

入山を制限された山ではないため、人がいても不思議ではない。

じっと佇んでいた老婆は、暫くして斜面を登り始めた。今は藪とはいえ、元々は段々畑だ。突っ立ったまま移動できるはずがない。

それなのに老婆は手足を動かさず、エスカレーターに乗っているかのように、するすると藪を進んでいく。

一体あれはどうなっているのだろう。凝視したが、皆目見当が付かない。そうこうするうちに、老婆の姿は見えなくなった。

時間にして五分も掛かっていない。何故、あの場所に現れたのか。今まで目撃しなかったのは何故か。もしかしたら幽霊とかそういう類なのでは。

後から後から疑問が湧いてくる。怖いのは確かだが、それ以上に好奇心が刺激されたという。

桑原さんは徹底的に調べようと決めた。まずは、今まで目撃しなかった理由だ。

あれは頻繁に起きている現象で、カーテンがなければ何度でも目撃できるのではないだろうか。

桑原さんはそう考え、カーテンを閉めるのを止めた。

その予想は正しかった。十日後、桑原さんは再び藪に立つ人を目撃したのである。

今度は中年の男性だ。前回と同じく、手足を動かさずに登っていく。

現れた場所は老婆と同じだ。目指す方向も、辿る道も同じ。

二回目ということで、桑原さんは冷静に観察することができた。いつの間にかそこに立っていたため、出現した瞬間は確認できていない。

その後も桑原さんは熱心に観察を続けた。食事も部屋で摂り、丸一日を費やした日もあるほどだ。おかげで、それなりの成果を得られた。

一カ月の間に現れたのは八人。殆どは老人だが、中年男性や若い女性もいた。

年齢、性別の差はあれど、全員が何かぼんやりした顔つきだ。それと、相変わらず出現場面には遭遇できない。

とりあえず今考えつくのは、この山の何処かに霊が集まる地点があるのではないかということだ。

その仮説に基づいて、尚も桑原さんは観察を続けた。

様々な文献を調べ、霊道というものを知った。あの人達が上っていく道も、その一つなのだろう。根拠も自信もない結論だが、自分を納得させることができた。

ある初冬の日。

例によって桑原さんは外の観察を始めた。枯れて茶色になった藪の中に子供がいた。いつも霊が立っている場所だ。ということは、あの子供もそうなのか。

見ると、まだ八歳ぐらいの女の子だ。黄色いセーターが血塗れだ。

女の子は、いつもの霊のようにぼんやりとはしていない。

今にも泣き出しそうな顔で辺りを見回している。今までとは異なり、時々声も出している。

おかあさん、何処？　おかあさん、たすけて、おかあさん。おかあさん。

女の子は、とうとう泣き出した。

翌日も翌々日も泣き続け、一向に斜面を上がろうとしない。結局、七日間泣き続け、女の子はその場所から動かないまま徐々に消えていった。

最後の最後まで、おかあさんを呼んで泣いていた。

今現在、桑原さんは村を離れ、都会で暮らしている。時折、帰省するたび、観察を欠かさない。今年で七年になる。

その場から動かずに消える霊は、今までに四人いた。全員が幼い子供だ。自分の死が理解できないのだろう。

哀れに思った桑原さんは、一度だけ呟いたことがある。

可哀想だなあ。怖くないから成仏しなさいね。

そう言った途端、その子と目が合った。

女の子は桑原さん目掛けて歩き出そうとしている。

上手く動けないらしく、その場から離れられないようだ。

桑原さんは、そっとカーテンを閉め、無視し続けた。八日目の朝、カーテンの隙間から覗くと、女の子は黒い影となってその場に立っていた。

黒い影が消えるまで、かなりの日数を必要としたという。

# 未練

今から二十年以上前、そのときは女子大生だった松本さんが体験した話だ。

当時、彼女はある有名な登山道入り口の前に広がる観光地の雑貨屋で、アルバイトをしていた。丁度日本で起こった、数度目の登山ブームが落ち着いた頃だったという。

加えて夏休みも終わりに近付いていたため、観光地全体が閑散としていた。

雑貨屋にもお客さんが殆ど来ないので楽なのはいいが、店番を任されていた松本さんは暇を持て余してしまい、却って苦痛だった。

そして、とうとうアルバイト最後の日がやってきた。

店主である老婆は、いつも松本さんに店を任せて奥に引きこもっていた。

店主は嫌な人ではないが、口数の少ない不愛想な老婆だったらしい。

店の正面入り口は、お客が商品を見やすいよう、営業中はいつも全開になっていた。

この苦痛なバイトから、やっと解放されることに松本さんは内心、喜んだ。

午前中は全く来客がなく、午後も冷やかしが数人、入店してきただけだった。

そして店じまいの迫った夏の夕暮れ、店内はエアコンの起動音のみが響いていた。

「もうすぐ、この退屈地獄から解放されるな〜」

松本さんはレジから立ち上がると、何げなく誰もいない店内をブラブラと歩いた。

「次はもう少し忙しい所でバイトをしよう」

松本さんはそんなことを考えながら、入り口の近くから人通りの殆どない夕方の観光地を見回した。

そして店内のほうを振り向いた瞬間、松本さんは声も出せずにその場に固まった。

いつの間にか、店内に数人の客らしき人間達がいたのだ。

客らしき人間、とはどういう意味かと松本さんに訊ねると、

「言葉で表現し難いけど、店にいる人たちの身体が全体的に半透明というか霧みたいな形状で。でも、しっかり人間の形はしていて着ている物まで分かった」と答えてくれた。

松本さんは、彼らは幽霊ではないのか？　というシンプルな考えが、心の奥底から湧き上がってきたが、それを認めてしまうのを必死で抑えたという。

「認めたら、パニックになって泣きながらその場で漏らしそうだったから」

松本さんは、恥ずかしそうに顔を赤らめて言う。

いつの間にか現れた曖昧な形の人々は、それぞれ店内の商品をじっと見ていた。

だが、手に取ったり触れたりすることはない。

曖昧な人々の中には男も女も、老人も学生服を着た少女もいた。

半透明でなければ、普通の人間と変わらない様子だ。

松本さんがずっと入り口付近で固まっていると、奥から店主の老婆がのそりと現れた。

「また来ているんだね……お前達に売れる物はないよ。もっともお金だって持っていないんだろうからね!!」

老婆は出てくるなり、曖昧な人々を恐れるどころか大声で怒鳴り散らした。

小柄な老婆とは思えない大きな声に、松本さんも驚いて思わず肩を竦《すく》めた。

すると店内にいた曖昧な人々は、老婆のほうを一瞬だけ見た後、かき消すように全員いなくなった。まるで老婆の怒号に恐れをなしたかのように。

だが一人だけ、店内に残っている曖昧な人がいた。

制服姿の少女だった。

少女は商品棚に陳列されている、花柄の刺繍《ししゅう》の入ったピンク色のハンカチを物欲しそうにじっと見つめていた。

「もう、あんたには必要のないものだろう?」

老婆は半透明の少女に向かって、今度は諭すように優しく声を掛けた。

それでも少女は未練がましくハンカチを眺めていたが、段々と身体が薄くなっていき、最後は完全にその場から消えた。

「夏の終わり、今ぐらいの時刻になると山で死んだ者達が下りてくるんだよ。どうしてだかは分からないけど、きっと生きている人や生前に使っていた品物とかが恋しくなるんだろうね」

老婆は小さくため息を吐くと、また店の奥に戻っていった。

「山で、亡くなった人たちだったんだ……」

松本さんはそう呟き、暫く店内に立ち尽くしていた。


バイトが終わった後、松本さんは花柄の刺繍が入ったピンク色のハンカチを買おうとしたが、老婆は売ってくれなかった。

「余計な情けや同情は危ないよ。姿形は同じようでもあいつらはもう、私達と同じ世界には住んでいないのだからね」

老婆に自分の胸の内を見透かされ、松本さんはハンカチを諦めた。

二十年以上経った今でも、松本さんはハンカチを見つめる制服少女の、物欲しそうな顔を忘れることができないという。

# クサイチゴ

今から三十年ほど前、北野さんが小学生の頃の話。

当時、北野さんは山間の村で暮らしていた。祖父母と両親が力を合わせて農業に勤しむ生活だった。

北野さんは女の子ながら野山を駆け回り、元気そのもので毎日を過ごしていた。

ある初夏の日のことだ。

北野さんは、お気に入りの里山に入った。とりあえず、食べられる果実を探して歩き出す。

暫く行くと、クサイチゴを見つけた。ナツグミもあったが、苦手な味なので無視。

ザクロは花が咲いたばかりだ。また暫く行くと、ヤマモモがあった。

実はなっているが、これは祖父母から生で食べてはいけないと言われている。虫が入っていることが多く、手を加えないといけないらしい。

そもそも、高い木だから手が届かない。美味しそうな果実だが諦めるしかない。立ち去ろうとした北野さんは、いきなり背後から呼び止められた。

振り向くとそこには、スーツ姿の男が立っていた。見たこともない人だ。

「それって食べられるのか」

男はヤマモモを指差しながら訊いた。

食べられるけど、虫が入っているから生じゃ駄目かもと答えると、男は残念そうな顔をした。

当時から北野さんは人見知りせず、相手が誰でも平気で話しかける子供だった。

もしかしたら、お腹が空いているのかもしれない。そう考えた北野さんは、クサイチゴの場所を教えてあげた。

男は何度もお礼を言って、笑顔で立ち去った。　北野さんは、人に親切にする心地良さを味わいながら、その日一日を過ごした。

翌日も山に入って遊んでいると、再び男が現れた。クサイチゴのお礼を言ってから、男はスーツのポケットから何かを取り出した。

見ると、小さなぬいぐるみの猫だ。そういう物を作る工場を経営していたのだという。

その工場が倒産し、親戚を頼って旅をしている最中とのことだ。暫くは、この山で過ごすつもりだと男は言った。

山の中腹部に、今は使われていない作業小屋がある。そこで寝泊まりし、食事は山菜や川魚で賄う。

する。

だが、米だけはどうしようもないので、何とか都合が付かないだろうか。お金は何とかする。

男は北野さんに頭を下げ、そのようなことを頼んだ。

北野さんの家は農家であり、米も作っている。古い米は親戚にあげたり、安く譲ったりしている。少しぐらい持ち出しても、バレる心配はない。

困っている人は助けましょうと言われながら育った北野さんは、二つ返事で引き受けたのである。

男は目を潤ませながら、せめてものお礼にとぬいぐるみの猫を北野さんに渡した。

帰宅した北野さんは、早速、持てる限りの米を袋に入れ、物置にあった古びた鍋を添えて男に渡した。

男は感謝の言葉を何度も述べ、立ち去った。それからも、男は何度か姿を見せた。北野さんと話をするのが楽しみのようだ。

自分にも同じ年頃の娘がいるのだという。その子はどうしてるのと訊くと、男は俯《うつむ》いて答えた。

「一緒に逃げる途中、病気で死んでしまってね」

俯いた顔から涙が零れ落ちる。

「甘い物が大好きな子だったけど、最後は何も食べられなくて。せめて、クサイチゴを食べさせてあげたかったなぁ」

もらい泣きする北野さんの頭を優しく撫でてから、男は立ち去った。それが男の最後の姿であった。

暫くして、作業小屋で首を吊っている男が発見された。遺書はなく、娘らしき少女の写真だけが残されていた。

写真には、クサイチゴが供えられてあったという。一時、警察や村の青年団で山は騒然となっていた。

作業小屋には、北野さんが渡した米と鍋があるはずだが、特に何も言われずに済んだ。

つい最近まで親しく話していた相手が自殺するという経験は、子供にとって大きな衝撃である。

北野さんも眠れない日々が続いた。娘さんのことを話してくれたときの顔が思い出される。

学校や両親からは、当分の間、山には入らないように言われたが、北野さんはどうしてもやらなければならないことがあった。

作業小屋に行き、花をお供えしたい。そうすることで、穏やかにあの世へ行ってもらいたいと強く願ったのである。

北野さんは、おとなしくいうことを聞く振りを装い、機会が訪れるのを待った。

一カ月後、人々がすっかり男を忘れた頃、北野さんは計画を実行した。普段使っている山道は、人目に立ちやすい。

遊んでいるときに見つけた獣道を上がっていく。子供の小さな身体だからこそできる無茶であった。

ある程度上がり、普段通りの道に戻る。そこからは順調に進んでいけた。

途中、綺麗な花を摘む。残念ながら、クサイチゴはもう熟し過ぎていた。汗を流しながら進んでいく。作業小屋が見えてきた。

辺りには誰もいない。そっと近付き、扉を開けようとした瞬間、小屋の中で誰かの声がした。

女の子の声だ。足音を忍ばせ、小屋の裏に回った。壁に開いた節穴から中が覗けそうだ。目を当ててみる。

「ごめんなさい、おとうさん、わたしがわるかったです、ゆるしてください、痛い痛いやめて」

裸の女の子がいる。手を掴んでいるのは、あの男だった。

え？　死んだんじゃなかったの？　何でいるの。何してるの。

溢れ出る疑問は、二人の様子を見ているうちに解決した。男も女の子も、時々姿がブレるのだ。

自分が今見ているのは、この世のものではないと気付いたのだが、恐怖で身体が動かない。

男は女の子を引きずり回し、殴り倒し、玩具のように扱い始めた。

女の子は悲鳴を上げて泣き叫ぶ。その口に男は赤いものを詰めている。よく見るとそれはクサイチゴだった。

北野さんは吐き気を堪え、必死に自分を鼓舞してその場から離れた。

山道を転びながら走り降り、家に戻るなり嘔吐してしまった。男から貰った猫のぬいぐるみは川に投げ捨てた。

それ以来、北野さんはあれほど好きだった山遊びを止めた。

当時は、何をしているのか分からなかったが、今になって事の重大性に気付かされた。

かといって、調べる気は起こらない。それが切っ掛けとなって、あの男に繋がってしまうのが嫌で堪らないからだという。

# 奥の奥へ

森本はとにかく身体を動かすのが好きだ。
日課のジョギングを欠かさず、地区の草野球に参加し、週一回はスポーツジムへ行く。
運転免許はあるものの車を運転することは稀で、殆どが自転車移動だ。
仕事の疲れなんて気のものだ。運動をすれば悪い気なんてどっかに飛んでいっちまう。
生きがいとも呼べるほど運動を愛していたのだ。
だが、コロナ禍が森本に強いストレスを与えた。
小学生の我が子に何かあったらと思うと、ジムも草野球も怖い。
不要不急に当たると思うとサイクリングもできない。
マスクが苦手で、夜のジョギング中も人けがないとマスクをずらし、人の姿が見えたら
マスクを戻してと煩《わずら》わしい。
自室で腹筋、背筋などをしてみたが味けない。
もっとダイナミックに身体を動かして、解放感を味わいたい。
そんな強い不満を抱えた毎日の中、森本はテレビで、ある特集を見た。

〈コロナ禍の影響でキャンプブーム到来〉

キャンプ。

言葉が輝いて見えた。

こいつは面白そうだ。アウトドアで汗をかくのは最高じゃないか。

番組の論調も「ソロキャンプは現状でもやって許されるレジャー」といった具合だった。

これすなわち、キャンプという名目で山歩きし放題ということだ。

森本はキャンプ道具を背負ってハイキングを楽しむ自分を想像した。身体に負荷を与えつつ、傾斜を歩くという運動。

これは良い。

最高だ。

日帰りの登山とは違った楽しみがあるのもいい。

森本は早速キャンプグッズを一式買い求め、週末の訪れを待った。

キャンプ場に行くつもりは、端からなかった。

キャンプは副次的なものだ。メインは運動。重荷と傾斜があれば身体が満足するだろう。

ああ、一人で山を歩いたとき、きっと色々なことを忘れることができるに違いない。

楽しみだ。山が楽しみだ……。

土曜日。

妻と子供に一泊することを告げ、午前中に出発した。

家から二時間ほど掛けて隣県までの抜け道に使われる山越えルートに向かい、ほどよい路肩に駐車した。

念のため警察に捕まらないよう、フロントガラスに「キャンプ中」と書いた画用紙を立ててはみたが、これが効果的かどうかはよく分からなかった。この辺りは茸狩りや山菜採りのためにガードレールを越える人々の姿がちらほらある所だ。恐らくは大丈夫だろう。

一人用テント、寝袋、缶詰と水などを背負子《しょいこ》に積むと十分な重さになった。

少し緊張しながら辺りを見渡しガードレールをまたいだ。

森に入る。

山一帯には何本もの針葉樹が屹立《きつりつ》している。

夏の山はひんやりとした空気が漂い心地良かった。しょっちゅう人が入っているせいか、歩むに難のない道なき道ができていた。

見えなくなるほどガードレールから離れてから、車道がどちらにあるかを意識しつつ緩やかな傾斜を登った。

履き慣れない登山靴の重みを感じながら、足場の悪い獣道でバランスを保つ。

まだ身体は鈍っていないようで、思いのほか上まで進むことができた。しかし余り車から離れすぎると何かあったときに厄介だろう。

名も知らぬその山は、老人でも平気で歩ける程度の傾斜しか擁《よう》してない。

ふと平地かと思うほどの地点もあった。

ほどよい所でテントを張って、昼飯を食った後にまた当て所なく散策してみるか。

迷うほどテントから離れなかったら、どうにでもなるだろう。不安になったら車道のほうに向かえばいいだけだ。もし迷ってしまったら闇雲に山を下ってもいい。いずれ何処かの田んぼに突き当たるだけだ。

森本は適当な所でワンタッチテントを設置し、荷物を下ろした。

そしてテントに横たわり、水を飲みながら次回はもう少し荷物を増やそうかなどと考えを巡らせていると、急激な睡魔に襲われた。

予想外の眠気だったが、ほどよい疲労感とそよ風に身を任せていると、このまま昼寝と洒落込むのも名案に思えた。

ああ、俺はこのまま寝てもいいんだ。

一泊二日のキャンプに来たのだから……。

何者かに肩を揺すられたような気がして、目が覚めた。

見慣れない木々のシルエットが浮かぶ闇と森の匂いで、すぐに自分がキャンプ中であることを思い出した。

誰が自分の肩に触れたのだろうと辺りを見回すが、人の姿はない。

ならば気のせいだったのだろうか。

相当に強く揺すられた気でいたのだが。

森本はスマホを確認し、既に午後十時を回っていることに愕然とした。

明るいうちに目覚めて少し散策をするつもりだったのに、これでは殆ど長い昼寝のためにキャンプをしたに等しいではないか。

荷物を畳んで車に戻ろうという発想も頭によぎったが、大枚を叩《はた》いてグッズを揃えて、意気揚々と出かけた顛末《てんまつ》がそれでは何だか癪だ。

再び眠りに就こうにも目が冴えていた。

テントをこのままにして、車でコンビニへ向かおう。買ったビールをちびちびとやっていたらまた眠くなるだろう。もう夜のキャンプを楽しむ以外することはないのだ。

森本は懐中電灯を手にガードレールのほうへ歩き出した。

おかしい。

おかしいな。

予想では十五分も歩いたら、すぐに木々の間から白いガードレールが見えるはずだった。

だが一向にガードレールが姿を現さない。

寧《むし》ろ、まるで蓋をするように大木の密度が高まっていく一方だ。

懐中電灯で照らされたそれぞれの太い幹には深い皺が寄り、巨大な老人の肌を思わせた。

一度立ち止まり、何を間違っただろうと顧《かえり》みたと同時に、果たして自分はテントまで帰れるだろうかと不安が押し寄せた。まずはガードレールに向かうことしか考えていなかったため、テントに戻るルートを強く意識していなかった。

迷った。

俺は今、完全に迷っている。

スマホをポケットから取り出し圏外のマークを見ると、更に呼吸が乱れ、動悸《どうき》が速まった。

ここに留まるか。

勘を働かせて進むか。

傾斜はどっちに向いている。どっちだ。

分からない。

思えば、さっきまで幾ら歩いてもただ小さく波打つように僅かなアップダウンがあるだけだった。だったら、何故俺は自信を持って進んだんだ。何故、俺は進んだ……。朝を待って、車道から聞こえるエンジン音に向かえば何とかなるだろうか。そう、朝になれば……

それにしても静かだ。確かに山の中とはいえ、何キロも離れていないところに市中がある。ここまで静かなはずはないだろう。いや、こんなものなのか。もう自分はこれほどまでに静謐《せいひつ》な山の奥の奥に迷い込んでしまったのだろうか。

この時点で森本は過呼吸の兆しが出るほどのパニックに陥っていた。

その場にへたり込み、なるべく心を落ち着かせようと呼吸に集中する。

そして、ようやっと顔を上げると改めて周囲の様子を確かめた。

漂わせた視線の先の暗がりに、動く二つの人影があった。

人。こんな時間のこんな所に人がいる。二人はどんどんこちらに近付いてくると、はっきりと姿を見せた。

現れたのは手を繋いだ男女の老人だった。

「す、すみません！　迷ってしまったんです！」

森本は天の助けとばかりに大声で助けを請うた。

　しかし、二人はまるでその言葉に応答せず、真剣な表情のまま歩みを進めた。歩んでいる先に自分がいるというのに、視界にも入っていないような佇まいに見えた。

「あの！　あの！　すみません！」

目の前まで近付いてきた二人に、更に声を掛けた。

「あの！」

移動は止まらず、いよいよ二人は自分の横を通り過ぎていく。

肩を掴んで立ち止まらせようかと思った瞬間、また視界に新たな人影が飛び込んできた。

今度は一人。近付いてきたのはスーツを着た中年男性だった。

男もまたこちらに向いて歩いてくる。

存外、夜の山中を歩く人が多いようだ。先ほどの老人夫婦らしき二人組には肩透かしを食らったが、ひょっとすれば自分の様子が異常に映ったのかもしれない。

「すみません！　あの……車道はどちらにありますか？」

森本はなるべく声のトーンを落として、男にそう訊ねた。

男は思い詰めたような、何処か気まずいような表情で歩みを進め、結局は森本の横を通り過ぎていった。

「待って！」

そして、また人影が現れた。

横一列で手を繋いだ三人組で、奇妙に歪んだ笑みを浮かべた男女の間に破顔した子供がいた。

その様子を見て、森本の全身が総毛立った。

違う。

さっきから現れては横を過ぎていくこの人たちは、俺と違う。

この人たちは違う。

それからも次々と「違う人」達は現れた。

ブレザーの学生服を着た少女、疲れた顔の中年女性、またサラリーマン風の中年男性。

人影が現れる地点はそれぞれ違うが、結局は誰もが同じ方向へ歩いていった。

森本は、ある時点から目を閉じて「違う人」をやり過ごすようにしていた。

陽が昇ったら、「違う人」達が向かう方向の逆へ歩こう。

そうしたら、俺は帰れる。

こいつらの後を付いていってはいけない。

こいつらが向かっているのは、俺が求めているところではない。

早朝に車道に辿り着き、車へ戻った。
キャンプグッズは山中に置いたまま、帰路を走らせる。
リビングにいる妻と子供の姿を見て、森本はやっと堪えていた涙を流した。

# 青いテント

「もう五年以上はその小山を登り歩いているが、ずっと変わらないんだよね。あのテントの中身が……」

Ａ県で飲食店を営む中年男性、村河さんはこう話を切り出した。

村河さんは以前、医者から運動不足を指摘されたという。

そこで五年くらい前から、健康のために家から少し離れた場所にある自然公園に行き、そこから入ることができる山を週に一、二回のペースで登っていた。

山と言っても、かなり緩いハイキングコースに指定されているような低く小さな山で、余りスポーツ経験のない村河さんでも、苦もなく登り歩くことができるレベルだった。

子供達や家族連れが笑いながら楽しむこの小山、幽霊や妖怪などの噂はないが、ここ数年、村河さんは山の中でおかしなモノを見ている。

場所は通常のハイキングコースからやや離れた、とある場所。

一応、道は整備されているが辺りは年中薄暗く、好んで歩く者は少ない。

村河さん曰く、ハイキングコースの裏道だという。

その裏道の途中には小さな神社跡があった。戦前に建てられたものらしく、誰も手入れや修理をしないので、現在は荒れ放題で壊れ放題。

ガタガタになった地面の石畳や、崩壊した木材に僅かに残る朱色の塗料で、そこはかつて神社だったのだな、と漸く分かるレベルだった。

「戦前、この辺りを治めていた豪農が調子に乗って建てたらしいけど、他人は寄せ付けず自分の利益ばかり願っていたんだ。だからいい加減、神様だかお狐様が怒ったのか、この神社とともに豪農の家もあっという間に廃れてしまったんだと」

村河さんは笑いながら言ったが、話の主役はこの神社跡ではないという。

「俺は大体、ハイキングコースの途中から離れて、神社跡へ続く例の裏道を歩くんだ。滅多に他の登山客に会わなくて静かだからね。すると二回に一回くらいの割合かな、神社跡の前に古びた青いテントが立ててあるんだよ」

村河さんによると、彼が山の裏道を歩き始めた五年前からおよそ半々の確率で、神社跡の前にかなり年季の入ったみすぼらしい青いテントが立っているのだという。

「最初のうちは裏道とはいえ、こんな場所にテントを立てるなんて迷惑だな、少し気味が悪いな、程度にしか思わなかった。でも、余りにも高頻度でその青いテントに出くわすものだからある日、中に声を掛けてみたんだ」

テントの正体が気になった村河さんは、入り口に向かって話しかけた。

しかし、テントの中から返答は全くない。

そこで村河さんは恐る恐る、ファスナーの閉まっていないテントの入り口を開き、及び腰な状態のまま中を覗いてみた。

だが、中を見て村河さんは拍子抜けした。

テントの中には犬が一匹、横たわっているだけだったのだ。

テント内にはそれ以外、人間はおろか道具やゴミ一つ落ちていない。

「なんだぁ、まさかコイツがテントの持ち主か？」

村河さんは犬については詳しくないが、横たわっていたのは中型で茶色の雑種犬みたいな奴だった。青いテントの持ち主の飼い犬だろうか？

村河さんは犬に向かって何度も声を掛けてみたが、一向に起きる様子がない。

そこで今度は、辺りに落ちていた長い枝で犬を突いてみた。

しかし、横向きに寝た犬は幾ら突いても、目を閉じたまま、全く反応がない。

「こりゃ、死んでいるな……」

死後、まだそれほど経っていないのか、犬の身体は腐敗が進んでおらず、テント内に腐臭はなくハエなどいなかった。

テントの持ち主が一緒に連れてきた犬が死んだのか、それともテントごと捨てたのか？

村河さんは、やや黒みがかった茶色の犬の死骸を前にして首を捻る。

今日、村河さんは初めてテント内を覗いたが、それ以前にもこの青いテントを何度か目撃している。では、そのときにはテント内には何がいたのか？

結局、村河さんは俺が幾ら考えたところで時間の無駄、触らぬ神に祟りなし、とテントと犬の死骸を放置したままその日は立ち去った。

「それからなんだよ、そのテントが益々おかしいと気付いたのは……」

その後、テントのことが頭から離れなくなった村河さんは、自分の登り歩く小山についてそれとなく周りの人々に訊いて回ったらしい。

すると驚いたことに、僅かだがあの青いテントを目撃した人たちが村河さん以外にもいたことが分かった。

しかし、その人たちに話を訊くとみんな村河さんと同じくテントの持ち主の姿を見たことがなく、いつ設置していつ撤収しているのかはもちろん知らない。そして気味が悪いから近付かず、テント内に声を掛けたり、中を覗いた物好きは村河さん一人だけだった。

「何がおかしいって、それからテントを発見するたびに中の犬の死骸を確認するんだが……全く腐らないんだ、あの犬は。最初は違う犬の新しい死骸をわざわざテントに運んできているのかと思った。だが違う、あの犬は最初にテントの中で横たわっていた犬の死骸に間違いない。顔の形やら毛並みやら足先の特徴まではっきりと覚えている！」

村河さんは強く断言したが、すぐに弱気な声で話を続けた。

「だけど、それだけなんだよな。青いテントも犬の死骸も、別に悪さや災いをもたらす訳ではない。数年間、テントと犬をしつこく観察してきた俺でさえ何も起こっていない」

村河さんによると五年以上経った今でも、犬の死骸は最初に見たときと同じ外見で、全く腐りも朽ち果てもしていない。青いテント自体も、必ず神社跡前に現れるということ以外、その持ち主の正体や内部に犬の死骸をずっと放置する目的などは分からない。

そして別に青いテントのせいで、何か事故事件が起きている訳ではないので、村河さんも役所や警察に届ける気にはなれないらしい。

その古ぼけた青いテントは、現在も裏道の神社跡の前に現れるという。

「本当にそれだけ。腐らない犬の死骸の置かれた青いテントが現れるだけ。多分、それはこれからずっと変わらないのだと思う。根拠はないけど」

そう言って、村河さんは話を終えた。

# 持山

伊藤さんの田舎は道南のとある地方にあった。

ある年の春、父親が亡くなったことを切っ掛けに札幌での仕事を辞め、帰郷することになる。

家業は農業をしていた。

それまでに農作業をしたことなどなかった伊藤さんだが、年老いた母親を助けるためにも毎日必死で汗を流す生活が始まる。

忙しく日々を過ごしているうちに、季節は夏を迎えていた。

それなりの量の収穫物を農協へ納品し、何となくではあるが農家としての生活サイクルが見え始めていた。

それと同時に、農家の収入というものに愕然とする。

(これだけ働いているのに、稼ぎはこれしかないのか?)

確かに記憶を辿ると、両親はいつもみすぼらしい恰好をしていた。

世間一般でいう贅沢などというものをした記憶もない。

両親はいつも土塗れで、家の中にも畑の臭いが染みついた生活。

その環境に反発し、高校を出るとすぐに札幌での生活を始めた。

(ごめん、何《なん》も分かってなかった……)

それ以降、それまで以上に仕事に精を出す日々が続いた。


冬を迎え、農作業は一段落を付けた。

帳簿の整理をしたり、来年の種付け計画を練る。

(だいぶ機械も傷んでいるよなぁ……)

効率化を図るためにも新しい農機具を導入したいが、結構な金額が必要となる。

ローンを組んだところで、伊藤家の家計を圧迫するのは目に見えていた。

(あっ、そうだ)

彼は実家が山を所有しているということを思い出した。

「母ちゃん、うちの山って売れないかな?」

母親は驚いた顔をした後、大きく溜め息を吐いた。

「売れないよ、あんなもの。二束三文どころか、タダでも要らないって言われるだろ」

「いや、誰か物好きがいるかもしれないし、そうだ。儲かってる農家だったら欲しがる人もいるんじゃないか？」

「山を切り開いて畑にするのに、一体幾ら掛かると思うんだい。大体、この辺の山が売れたって話は一度だって聞いたことがないよ」

返す言葉がない伊藤さんは黙り込む。

ただ、諦めきれない伊藤さんは翌日に母親を助手席に乗せて、所有している山を確認しに車を走らせた。

「で、どれがうちの山？」

「それとあれとその隣のとこもうちの山だわ」

「え？　境界とかって何処で判断してるの？　杭とかあるの？」

「そんなもんはないさ。役所だったら把握してるんだろうけど、とにかくこの辺一帯はうちの山さ」

ふーん、と見渡す限り、一切人の手が入っていない山。

木々は密集し、地面に積もった枯れ葉の量がそのままの自然を証明していた。

「あれ？　あそこだけ変じゃない？」

伊藤さんが指し示す先。

何故かそこだけ樹木はなく、禿げ山のようにぽっかりと開けた空間を作り出していた。

急に母親は言葉を濁らせる。

「あ、あそこはアレだ。何というか特殊なとこだから……」

「ちょっと気になるから行こうよ」

「ダメだっ!!」

珍しく強い口調で母親は反対する。

「いや、だって、売るとしたら把握しとかなきゃダメだろ」

「ダメだったらダメだ。父ちゃんがいたら、絶対に許さないって。とにかく、売れないんだから、もういいっしょ」

その日は強情な母親の顔を立てて帰宅することにした。

翌日、伊藤さんは一人で車を走らせる。

元来の性分で、自分が納得できないことはそのままにしてはおけなかったのだ。

薄っすらと積もった雪が足元を滑らせるので、十分に注意しながら山を登る。

漸く辿り着いたその場所は、直径三十メートルほどの円形の空間が存在していた。

多少の勾配はあるが、平地に近い状態である。

切り株などもないことから、切り開かれたものではないらしい。

もう少し周囲を確認しようと散策する。

突然、足を滑らせた伊藤さんは転倒し、腰をしこたま打ち付けた。

「痛ってぇー」

転倒した際に掻き分けられた雪の下から枯れ葉が覗く。

この枯れ葉で滑ったのか、と視線をやると別の色の物が飛び込んできた。

少し黄ばみがある骨。

大きさ等から動物のものと思える。

気になった伊藤さんは足でその周辺の雪を避けていく。

するとゴロゴロと無数の骨が露わになっていった。

この周辺の山々には羆《ひぐま》がいる。

その餌となった動物のものだろうかと一瞬考えたが、確か羆は餌を穴を掘って埋める習性があったと聞く。

周囲に地面が掘られたような跡はなく、地盤は固いものだった。

(となると、自然死？　こんなにもたくさん？)

伊藤さんは骨を見て動物を判断できる程の専門家ではない。

ただ、あちこちの雪を掻き分けると必ず骨が出た。

狐ほどの大きさの動物のものだとしても二、三十体くらいにはなる量と思える。

(動物の墓場みたいじゃねぇか……)

薄気味悪さを感じた伊藤さんは、そそくさとその場を後にした。


その日の夕食時、ずっともやもやしていた伊藤さんは母親に話した。

「あのさぁ、あそこって墓場か何かなのかなぁ。あれだけの骨があるってことは……」

「あそこ？　骨って……。あんたまさか!!」

母親は急に蒼褪《あおざ》め、その場に立ち上がった。

少しの間おろおろとしていたが、急に仏間へと走り出した。

伊藤さんが後を追いかけると、母親は腰を下ろし仏壇に向かい手を合わせている。

「お父さん、御先祖様、お願いです。助けてください」

真剣な面持ちの母親はひたすらその言葉を繰り返していた。

異様とも思える状況に、伊藤さんは思わず声を掛ける。

「なぁ、何だよそれ。何か拙《まず》いのかよ。なぁ、なぁってば!!」

暫くの間、伊藤さんを無視するように母親は祈り続けていた。

漸く落ち着いたのか母親は合わせていた手を下ろし、小さく息を吐く。

キッと伊藤さんを見やると、感情を押し殺したように静かに話し始めた。

「あそこは近付いたらダメなところなの。あんたのお爺さん、そしてその前からそう言われてたの」

母親は淡々と話を続けた。

伊藤さんが三歳の頃、近所のお婆さんが山菜採りに出かけて行方不明になった。

住民や消防団の捜索の結果、遺体で発見される。

その場所が例の広場であった。

また祖父の代にも、曽祖父の代にも山に入った者が遺体となって発見されたことがあるという。

「それだけじゃないの。探しに行った人達がいるでしょ。そこに踏み込んだ人やその家族も不幸に遭ってるの」

小さな集落であることから、そのようなことが続けば悪評になりそうではあったが、行方不明になった者は山の中で方向を完全に見失ったと考えられた。

漸くの思いで開けた場所に辿り着き、そこで力尽きたのだろうと誰もが思っていた。

捜索隊の家族の不幸はそのタイミングで偶々起きたことだと判断されたらしい。

「ただね、その場に立ち入った人達はみんなこう言ってたって……」

た、と……。


——動物の死骸や骨が散らばっていたから、状況を把握するまでちょっと時間が掛かっ
「いや、だって。山菜採りとかで迷う奴なんか毎年いるじゃん。あそこで毎年人が死んで
いる訳じゃないのに、何でそんな呪われた場所みたいな話になるんだよ」

「お父さんが生きていればねぇ……。ちゃんとあんたには話しておくべきだった」

事の始まりは曽祖父の時代に遡る。

既に山は所有していたが、使い道といえば麓付近の木を伐採し、薪に使うくらいであった。

ある日のこと、近くの山を所有している人が曽祖父へ声を掛けてきた。

「あんたのとこの山、誰かに貸したのかい？」

身に覚えのない曽祖父は詳しく話を聞く。

その人が言うには見知らぬ女性が伊藤家の山に入っていったのを見たという。

ただその恰好が死に装束と思える白い着物だったので、つい気になり後をつけてみた。

結構な距離を歩んだ女性は急にキョロキョロと周囲を見渡し、頭上を見上げ固まった。

何をしているんだろうと窺っていると、「よし」と声を上げた。

その後、しゃがみ込んだ女性は草を毟《むし》り始める。

結局、暫くの間観察を続けるが、草を毟る以外の行動を取らなかった。

「他人様の山に入って草を毟るって考えられないだろ？　だから貸したのかなってさ。あれなら鎌使ったほうが早いって教えてあげなよ」

その話を聞いた曽祖父は考え込む。

使っている山でもないので、被害というものは別段ない。

ただ、話を聞く限り、山作業にはそぐわない恰好をして謎の行動を取っている。

一度自分の目で確認する必要があると思われた。


その翌日、曽祖父は現地に赴く。

念のために周囲を警戒しながら進むと、女性の微かな声が聞こえた。

音を立てないようにしながら、木の陰からその様子を窺う。

話の通り、跪《ひざまず》いた状態の女性は白い着物を着ていた。

ただ全体的に土で薄汚れて、袖の付近や腹部には赤黒い染みまで見える。

ぶつぶつと何かを言いながら、右手を上下させる動き。

――その右手には刃物があった。

「ちょっとあんた、何してるんだ！」

思わず声を上げた曽祖父を見た女性は驚き固まる。

一瞬の間を置き、奇声を発したまま、何処かへと走り去ってしまった。
その女性がいた場所には、首のない臓器を露わにした遺骸があった。
少しだけ見える毛皮から察するに、狐のものだと思われた。
「可哀想なことをしやがって……」
よく見ると、少し離れた場所にも遺骸が四つ点在していた。
「何者だ、あいつ」
全く見覚えのないその女性は三十代くらいで、酷くべたついた長髪が印象に残った。
翌日、曽祖父はスコップを持参し、狐を埋めてあげようと現地を訪れた。
しかし、遺骸は何処にも見当たらない。
何となく視線を感じ、そちらを見やると木の陰から様子を窺っている例の女がいた。
「この野郎、まだ悪さをするかぁ！」
スコップを掲げ威嚇《いかく》すると、またその姿を消した。
それから暫くの間、曽祖父はその場所に近付かなかった。
住民から変な女の目撃情報が入るが、考えないようにして過ごした。
正直、気分の良い光景とはいえない。
自分の土地でそのような行為があることは許せないが、目の当たりにしなければ気の所為としてやり過ごせた。

それからひと月も過ぎた頃、妙な噂が耳に入る。

呪い屋がこの集落に越してきた、と。

その噂に伴い、見かけない人の姿を数多く見るようになった。

皆揃って、山の奥へ入っていると聞く。

――嫌な予感がした。

自らの山、例の女を目撃した付近を眺めると、ぽっかりと開けた空間ができていた。

「あの野郎、何してやがるんだ」

威嚇用として鍬《くわ》を手にした曽祖父は現地へ向かう。

何やら話し声が聞こえてきたので、木の陰から様子を覗き見た。

例の女は地面に正座をし、見知らぬ男と話をしている。

女の背後には酷い造りの祭壇のような物まである。

「では、その願いを叶えましょう……」

そう言って女が立ち上がると、後ろのほうへ歩き出した。

と同時に威嚇するような唸り声が聞こえる。

そちらに身を乗り出して確認すると、首に縄を結ばれた野犬が一本の木に繋がれていた。

女は手に鉈《なた》を握りしめて、野犬にじりじりと近付いていく。

「やめろ、この馬鹿野郎共が！」

曽祖父は鍬をブンブンと振り回しながら女の元へ走り出した。

それを見た男と女は悲鳴を上げながら、散り散りに逃げ出した。

「ふざけるな馬鹿野郎、俺の土地で何をしてやがるんだ」

興奮の収まらない曽祖父は、祭壇を鍬で叩き続ける。

『メキッ……』

鍬の柄が折れたところで漸く我に返った。

眼下にはバラバラに壊れた祭壇。

周囲を見渡すと、広場の奥には積み上げられた犬や狐の遺骸がある。

腐敗が進み、悪臭を放つものまであった。

「酷いことを……」

木に繋がれた野犬は、まだ唸り声を上げていた。

「ほら、逃げろ。もう捕まるんじゃないぞ」

曽祖父は腰に備えていたマキリを取り、縄を切って野犬を逃がしてあげた。

間もなくして、集落を流れる川で死体が見つかった。

その白装束の女性は全身を野犬に噛まれた跡があり、苦悶の表情を浮かべていたという。

それ以降、普段見かけない人々を見ることはなくなった。

このことが、呪い屋が誰だったのかを証明してくれた。


曽祖父が落ち着きを取り戻した頃、近隣の友人を二人伴って、あの現場を訪れた。

放置されたままの遺骸を弔うためである。

「こりゃあ、惨い」

「あんたも災難だったなぁ」

力を合わせて遺骸に土を被せる。

壊れた祭壇の欠片は動物の血の跡も残っていたため、焼却処分した。

そのときに発生した煙はやけに黒く、細い線のように空へ登っていった。

「それから一月も経たずに、その友人達は次々と亡くなったんだって」

曽祖父はそのことを酷く悲しんだらしい。

二人とも朝起きたら、喉を掻き毟るような姿で死んでいた。

——呪いが二人に襲い掛かった。

そう信じていたという。

友人が死ぬたびに、悲しみの余りに曽祖父は山を眺めては思いを馳せていた。

するとある変化に気付く。

あの曰く付きの場所、ぽっかりと開いた空間が以前より広がっている。

「だから、呪われているから近付くな、って話になったのよ」

少し考えた後、伊藤さんは話す。

「でもそれなら、曽爺さんも死ななきゃならないんじゃない？」

「祭壇を壊したでしょ。多分それが呪いに対抗する力になったんじゃないか、って……」

曽祖父、祖父の代と、あの場所に立ち入った結果、不幸な人が出るたびに、広場の大きさは増していったという。

それで伊藤家では跡継ぎに伝えるべきこととして信じられていた。

「……じゃあ、俺も死ぬの」

「だからそうならないように、お父さんと御先祖様にお願いしてたの。大丈夫、きっとみんなで守ってくれる。ね、信じましょ？」

そう言いながら母親は小さく震えていた。

何の根拠も自信もないということが簡単に伝わる。

確かに異様な場所ではあったが、呪いという言葉を使われると何処か現実味が湧かない。とはいえ、母親の信じ切っている姿を見ると、やはり薄気味悪いものを感じずにはいられなかった。


「その日の夜です。色々と考えていて寝付けないでいると、階下から大きな音がして……」

伊藤さんが駆けつけると、母親は仏間で倒れていた。

右手には父親の位牌を握り、左手は喉元を押さえるような恰好をしていた。

すぐに救急車を呼んだが、病院へ着く前に息絶えてしまう。

「死因は心筋梗塞です。救急搬送される前、母親は少しの間だけ意識があったときがありました。言葉は交わせなかったんですが、口はパクパクと何かを伝えようとしていて……」

——カ、ア、サ、ン、ガ、カ、ワ、リ……。

伊藤さんにはこう言っているように思えた。

「あの山は伊藤家がしっかりと守っていきます。そのためにもまず、嫁を貰わないといけないんですが」

伊藤さんは冗談めかして話を締め括ろうとする。

「最後ですが、今ってアウトドアブームですよね。この辺にもわざわざキャンプに来る人を見たりします。勝手に人の土地に入らないのは当然ですが、異質だと思うような場所にも近付かないほうがいいって伝えてください。山って、普通は人が立ち入らない場所なんですから」

帰りの道中、遠巻きに伊藤さんの山を見てきた。

ぽっかりと開けた空間は確かに存在し、周囲の緑溢れる山々に比べると浮いている。

あの場所には今も、動物の骨が散乱しているのだろうか。

その映像を想像するだけで、背筋がぶるっと震えた。

# かくれんぼ

内田さんの地元の山中に、八幡神社がある。

参道はそれなりに整備されてはいるが、周囲は伸びた熊笹や木々で鬱蒼《うっそう》とした雰囲気を醸し出している。

「何しろ田舎過ぎて、周囲は山しかない所でしたから」

子供の頃の内田さんは、友人達と神社の山で走り回っていた。

「かくれんぼをしたときの話なんですが……」

鬼の役の子が御神木へもたれかかり三十を数えていた。

内田さんは周囲を見渡し、隠れる場所を探していた。

（あそこにしよう）

緑溢れる景色の中、一箇所だけ浮いている所があった。

灰色に変色した一本の木。

高さが三メートルほどのその木は、幹の途中から上部がなくなっている。

噂では大昔に落雷でそのような形になったという話も聞いてはいたが、真偽のほどは定かではない。

遠目に見ると、巨大な細い骨が存在しているように思えた。

その雰囲気から子供達は近付こうとはしなかったのだ。

（ここなら絶対にバレないって）

内田さんはその木の陰に隠れてしゃがみ込む。

いつもは遠くから見ていたので分からなかったが、幹の太さは四十センチほどもあり、樹皮は硬化して無数の鱗が存在しているように思えた。

（やっぱ気持ちが悪いな）

そんなことを考えていると、遠くのほうで次々と友人が鬼に捕まっている声が聞こえてきた。

暫くの間はその状況が楽しくて、クスクスと笑っていたが、友人達も痺れを切らし始めた。

「うーっちゃん、いい加減に出てきてー！　何処にいるのー！」

仕方がないな、と立ち上がると、丁度彼の目線の先、幹の部分に洞《うろ》があることに気付いた。

まるで吸い込まれるように、右手を洞に差し入れる。

一瞬、クンと引っ張られたような気がした。

――次に内田さんが認識したのは真っ暗な空間だった。

何処を見渡しても一筋の光すら存在しない。

「まー君、たぁーちゃん、みんなどこー？」

幾ら呼びかけても何の返答もない。

自ら言葉を発しないと、耳が痛くなるほどの静けさの中にいた。

暗闇の中を、とぼとぼと三十分も歩いただろうか。

「おかぁさーん!!」

彼はへたり込み、ただただ泣き続けた。

暫くの間泣き続けた内田さんは、疲れ果ててそのまま眠りに就いた。


その後、目を覚ましても闇の中にいることに変わりはなかった。

少し空腹を感じ始め、不安感はどんどんと増していく。

「やだー、おかあさん助けてー！」

必死に全力疾走するが、一向に闇を抜けられそうにもない。

それでも諦めずにひたすら走り続けた。

「痛っ！」

何かに躓《つまず》き内田さんは倒れこむ。

暗闇のため、躓いた物の正体は掴めないが、辺りを弄《まさぐ》って確認すると大きめの石のような感覚がある。

見えないのに触れるという不思議な状態に、彼の気は紛れ、ペタペタとその何かを触り続けた。

そのとき——グン、と首元を強く引っ張られた。

視界には急に色が宿る。

「大丈夫か？」

近所の小父さんの顔とその背景には木々の緑が映り込んだ。

「いたぞ！　こっちだ、無事だー！」

先ほどまでは感じなかった猛烈な空腹感と疲労で、内田さんはそのまま意識を失った。


「一週間も行方不明だったそうです」

彼が発見された場所は、神社の賽銭箱の陰だった。

特に外傷もなく、衰弱だけが確認されたという。

「散々、何処にいたんだって言われました。一応説明したんですが、やっぱり信じてもらえなくて」

周囲の大人達は、内田さんは山で道に迷って、何かしらの物を口にしていたから助かったと思ったらしい。

「それからは怖くて、あの木には近付けないままです。次も同じことになったら、戻れないような気がしたので……」

現在もこの神社には灰色の木が存在している。

ただ、上部からの腐敗が進んでいるようで、高さは二メートルほどにまで低くはなっているようだ。

# 適材適所

直江さんは町役場を定年まで勤め上げた後、自分の趣味に没頭しながら充実した毎日を送っている。

定年間近に病気で奥さんを亡くしてからは、自分一人だけの明け暮れである。

趣味と言っても彼の場合は野菜作りだったので、ほぼ実益を兼ねており、日々栽培方法に改良を加えていたため、とにかく味には自信があった。

八月の度外れた酷暑を乗り切った九月のある日、近所に住んでいる友人の大窪さんに自慢の野菜をお裾分けしたとき、そのお返しとして立派な舞茸を渡された。

「こつけな高いもの……悪いべなァ」

両手で抱えるように持つしかない程大きな舞茸の株を目にして、直江さんは大窪さんにぺこりと頭を下げた。

「そりゃ、買えば高ぇど思うけど。これは山から採ってきたもんだからなァ…タダみてぇなもんだべ」

「……ホントがい？　こつけな立派なもん、何処まで行げば生えったんだい？」

場所を訊いたところ、車で行けばそれほど時間が掛からないような場所であった。

今まで小振りな畑に自分の時間を捧げてきたが、たまには山に入って茸や山菜を採るのも悪くない、と思った。

とは言っても、今まで山に入ってそれらを採った経験は一度もなかったが、友人に訊けば問題あるまい。

直江さんは今までにないほど目を輝かせながら、大窪さんに話しかけた。


翌日。

直江さんはいつもより早起きをして、陽が昇って間もない頃に自宅を出発した。

教えてもらった山の存在は以前より知っていたが、登るのは初めてである。

二十年以上愛用している軽自動車のハンドルを握りながら、県道から入る小さな砂利道を進んでいく。

樹木が鬱蒼と生い茂った湿地帯を曲がった辺りで、目的地に辿り着いた。

大樹に寄せるようにして車を駐車すると、腰籠《かまびす》を身体に巻いてから、辺りを見渡した。

周囲に人の気配は一切なく、しゃーしゃーと喧しい熊蝉《くまぜみ》の声がこだましている。

大窪さんの話によると、この山は私有地には違いないが、茸や山菜類を採る分には問題ない、とのことであった。

もちろん山の所有者に許可を得られない場合は「森林窃盗罪」に問われてしまうので、その点だけはしつこく確認していた。

たくさんの人がこの山を登っているようで、麓から山腹へと向かって明らかな山路が拓かれている。

直江さんは、年齢の割には軽快な動きで、颯爽《さっそう》と山へと登っていった。

夏の盛りは過ぎたとはいえ、少々身体を動かしただけで、額には薄っすらと汗が広がっていく。

持参した手拭いで拭いながら歩んでいくと、そこそこ立派な樹木が視界に入ってくる。

咄嗟に根元へと目を動かすが、茸らしきものはなかなか見当たらない。

漸く見つかっても、見た目から明らかに異様で、素人目に見ても毒茸に違いないものばかり。

持参したオールカラーの図鑑で念のために確認しても、恐ろしいことが書かれているだけであった。

「さてさて……どうすっぺなァ」

全身汗だくになりながら、一息入れるべく歩みを止めて、辺りを見渡してみる。

いつの間にか高くなった陽の下で、山肌には無数の木々が生えている。

茸が生えている可能性の高そうな木を見つけるたびに、いちいち根元を探していたらあっという間に陽が暮れてしまうであろう。

せめて樹木の判別が付けばかなり効率が良くなるのであろうが、残念ながら直江さんにその知識はなかった。

一瞬悩んだが、このまま尻尾を巻いて逃げ帰るようなことはしたくない。

山路をこのまま進んでも埒が明かない。そう判断して、立ち止まった場所の近くで見つけた獣道を進んでみることにした。

拓かれていない道なき道は非常に険しく、周りの木々から伸びている枝が何度もサングラスにぶち当たる。

もちろん、何度か蝮《まむし》を踏みそうになったので、足元にも注意を向けていなければとんでもないことになってしまうだろう。

必然的に歩みが遅くなっていることに気が付いた、そのとき。

いつの間にか、辺りは霧で覆われ始めていた。

最初は軽く考えてはいたものの、刻々と密度が増していき、やがて牛乳のような霧が辺りに立ちこめ、自分の指の先すら余りよく見えない状況になってしまった。

うるさい程の熊蝉の声もいつの間にか消え去り、南国の化鳥を連想させる、不気味な鳴き声が辺りに轟いている。

踏みしめる山肌の道もいつの間にか柔らかくなっていき、まるで湿地帯のぬかるみのようになっていた。

長靴の靴底に徐々に付着していく泥の重みに耐えつつ、足元をしっかりと確かめながら、一生懸命登っていく。

すると、辺りが急に明るくなり始めた。

先ほどまでの濃霧が嘘のように晴れ渡り、見通しが良くなった。しかも、耳障りで嫌悪感を催す奇妙な鳴き声も、今ではすっかり鳴りを潜めている。

しかし、おかしい。うん、絶対に変だ。

物音が全くしないのだ。

微々たる風音や木々の軋む音、叢《くさむら》や樹上の生物達の声、その他の音が全て消え去ってしまった。

これは一体、どういうことであろうか。

そう不審には思いつつ、何げなく視線を動かした途端、目前の光景に目を奪われてしまった。

聳《そび》え立つ、薄汚れた注連縄《しめなわ》が巻かれた異様なまでの巨木。その神木を思わせる大木の裏側に、大量の朽木が散乱している。

その辺り一帯に、立派な茸がびっしりと自生していたのだ。

直江さんは逸る気持ちを抑えながら、朽木の前で跪いて茸に鼻孔を近付けた。

何とも言えない、馥郁《ふくいく》たる独特な香りが堪らない。

持参した図鑑を穴が開くほど見ながら、彼は思わず口に出した。

「この香り、この形。うん、間違いねえべ。こりゃ、松茸だァ！」

と口に出したまではいいものの、よくよく考えるとおかしい。

何故なら、ここで舞茸や椎茸、山伏茸が採れるとは聞いていたが、松茸が採れるなんて一言も聞いていない。

もちろん忘れていた、もしくは敢えて黙っていた可能性も考えられるが、果たして誠実な大窪さんがそのようなことをするであろうか。

しかし、そんな疑念も目の前のお宝によって、あっという間に消えてしまった。

さてさて、どうやって持って帰ろうか。腰籠では余りにも小さすぎて、とてもじゃないが少ししか入らない。

「えーい、ままよ」

そう呟くと、極力見栄えのいい、大きくて立派なものを狙って片っ端から採り始めた。

しかし、懸念した通り、ものの数分で籠は一杯になってしまった。

そのとき、後方から生暖かい風が吹いてきた。

咄嗟に顔を向けた瞬間、視界に飛び込んできた光景に思わずはっとした。

おおよそ十数メートル先であろうか。

老人を先頭にした大勢の人々が、山を登ってくるではないか。

パッと見、おおよそ十四、五人であろうか。

老若男女混ざり合った、不可解な集団である。

酷く緩慢な動きで、よくあんなにゆっくりと登れるもんだ、と思わず感心しながら見物してしまう。

「……ん？」

あることに気が付いて、急に背筋が寒くなった。

あの集団は、道でも何でもない木が生い茂った急斜面を、顔色一つ変えずに上がってくる。行く手を遮る様々な障害物をものともせずに、一切避けることなく。

何処からどう見ても、障害物を透過しているとしか思えない。

しかも薄い。彼らの色が、とにかく薄いのだ。

周りの景色と比較しても、彼らの姿は極端に色褪せており、今にも消えてしまいそうなほどであった。

皆同じ速度で、上下に揺れもせずに、まるで滑るように山を登ってくる。

直江さんは全身の震えが止まらなくなってしまい、半ば恐慌状態に陥り、急いで今すぐ下山しようと視線を戻した。

すると、目の前に人がいた。

目深に被った薄汚れた紺の登山帽の奥から覗く黒く濁った目と、確かに目が合ったのだ。

恐らく、先ほどの列の、先頭にいた老人であろう。

このような晴朗な天候にも拘らず、まるで極寒の冬山登山をするときのような重装備をしている。

一体、いつの間にここまで移動してきたのであろう。

直江さんは思わず〈ひっ〉と小さな声を出しながら、誰かに助けを求めるかのように、周囲へと視線を漂わせた。

一瞬、呼吸が止まった。

囲まれていた。件の奇妙な連中がいつの間にか、彼を取り囲んでいたのだ。

少しずつ、ちょっとずつ。ゆっくりと。

明らかに、彼を囲む輪が狭くなっていく。

まるで当然のように、足音どころか衣擦《きぬず》れの微かな音すら全く聞こえてこない。

そのとき、連中の口元が一斉に開いた。

薄れゆく意識の中、人間から発せられるものとは到底思えないような、悍ましい悲鳴に似た声だけは覚えているという。


ふと我に返ると、直江さんは愛車の運転席に座って、ハンドルを固く握りしめている自分に気が付いた。

服や長靴は泥に塗れており、腰籠には大量の松茸が寿司詰めになっている。

車内で煙草を一服すると、漸く落ち着きを取り戻すことができて、恙《つつが》なく自宅へと戻ることができたのである。


自宅に戻るなり即座に着替えると、直江さんは友人宅へと向かった。

「松茸？　そんなもん生えてる訳ねェべ？」

自分の身に起きたことを身振り手振り、できるだけ詳細に説明しようと試みるが、大窪さんは一向に耳を貸さない。

「俺ァ今まで数えきれないほどあの山に登ったが、あの辺りに松の付く木なんて何処にも生えてねェず！」

確かに、そう思う。しかし、それだけでは納得できない。

「じゃ、これ見てけろよ、な？」

彼は松茸で溢れんばかりの腰籠を取り出すと、上に被せてあった新聞紙をパッと取り除いた。

「ほら！　これを見………………んん！　そつけなはずねぇんだが……」

あまりの衝撃に、二の句が継げなかった。

籠の中身は、松茸どころか茸ですらなかったのだ。

そこには、大量の古い使い掛けの百目蝋燭《ろうそく》が入っていた。いずれも半分以下まで燃えて融解したらしく、黄ばみと汚れが激しい。真っ黒に煤焦げた芯はすこぶる短く、殆どないものも見受けられた。

「何でこつけなごとになったんだが。さっぱり分がんねぇず」

ひっきりなしに首を傾げながら、直江さんは呟いた。

「とにがく、全部裏庭で焼いでしまったんだ。あつけな薄意味悪いもん……いやいや、まったぐ。一体、何だったんだべなァ」

この一件以来、彼は如何なる山にも近付きすらしない。

やはり、相当強烈な体験だったに違いない。

「まァ、別に困んねえべ。野菜はオレ。茸や山菜は大窪サ。それで、いいベェ？」

# 幸福な山

雨が降ると思い出すのだ、と川村は言った。


紗和が、ある建設会社で事務をしていた頃のこと。

溶接の職人である川村は、腕の良さを買われて度々工作を任されていた一人親方だ。時折混ざる訛りで東北の出身らしいことが窺えたが、こちらが普通に聞き取れるくらいには故郷を離れて久しいのだろう。

間もなく六十に手が届く年齢と柔和な顔立ちに、独特のイントネーションのゆったりした口調も相俟《あいま》って人当たりも穏やかな川村と、紗和はよく雑談をする仲だった。

その日は天気予報が外れ、雨が降ってきたために午後からの高所作業の予定が変更になった。職人達は各々予定外の別作業となり、川村も例外ではなかった。

紗和のいる事務所で作業日報を書いていたが、当初の予定と違ってそれほど時間が掛からない。早々に書き終わったが、その後の作業はない。日給制の川村は帰る訳にもいかず、紗和を相手に雑談を始めた。

「雨降ってっとさぁ、思い出すんだよねぇ」

川村には十歳年上の兄がいた。

「俺と違って、兄貴は頭が良くてさ。公務員やってたんだよね」

地道にコツコツ貯金して三十歳で家を買った。中古の山の中の一軒家だが、車があればギリギリ不便はないかという立地は、結婚を約束した女性の「子供は自然の中で育てたい」という希望に添ったものだった。それが突然失踪した。

「ついさっきまでそこにいたんだろうなって、茶碗とか出しっ放しのまんまいなくなっちゃったの」

家を買う切っ掛けになった恋人にさえ何も言わず、忽然《こつぜん》と姿を消した。山の中も捜索したが見つからない。人間関係やいなくなった状況から事件性はないとされた。家族が諦めかけていた頃、兄は送電線の点検に来ていた作業員によってその山の中で発見された。

「山へ返してくれ」

発見当時、そう繰り返しては身も世もないと言わんばかりに身を捩《よじ》って、子供のように声を上げて泣いていた、という。

それから半年ほどは廃人のようだった兄だが、徐々に落ち着きを取り戻した。公務員には戻れなかったが、元々の優秀さもあって再就職も果たした。だから両親も川村も安心していたのだ。

ある日の夜。家族揃っての久しぶりの団欒《だんらん》だった。夕飯の後、一息入れてゆっくり過ごしていたときに兄は失踪時のことを語り始めた。

「あの日、庭に出ると、裏の雑木林に不思議と目に付く白い木があるのに気付いたんだ」

白樺《しらかば》ではない。木の表面はつるっとしていて樹皮の切れ目や節等は一切なく、葉の一枚も付いていない。ほっそりとした佇まいは何処か艶《つや》めかしくて女性的だ。

一体何の木だろう。ふと気になって、近くで確かめてみようと思った。

そうして林の中に分け入ったが、予想に反してすぐ近くにあると思ったその木は、思ったよりも林の奥にあるようだ。だが、そこまで遠くにあるようにも見えなくて、もう少し、もう少しと足を進めるうちに気が付けば、帰りの方向さえ分からぬ森の中にいた。

そこまで深く山に分け入るまで、どういう訳かそのことに全く気付いていなかったのだ。

だが顔を上げた先、あの白い木はすぐそこに、ちょっと手を伸ばせば届きそうな場所にある。ただそれは少し高い位置であり、目の前は急な斜面になっていてここからは登れそうにない。迂回路はないだろうか。そう思って視線を巡らせる。木のすぐ傍に簡素な小屋が見えた。

小屋があるのなら、そこに至る道もあるはずだ。小屋を目印に歩き出す。

兄は運動が余り得意ではない。職場までは車通勤だし、仕事もデスクワークで普段から身体を動かすことが少ない。故に体力がそんなにあるとも言えない。今思えば、この道も獣道のほうがマシというくらいには厳しい道であったはずだ。況《ま》してやここに来るまでの、道とも言えないような山の中を何の障害もなくすいすいと登れる訳がないのだが、このときは別段何も思わなかった。

小屋に辿り着いた途端、急激な喉の渇きに襲われた。中に入れたら少し休ませてもらおう。そう考えながら引き戸に手を掛ける。戸は敷居の上を存外滑らかにするすると動き、小屋の中は質素ではあるが、誰かの手が入っているかのようにきちんと片付けられている。隅には畳まれた布団まであった。

そう広くない土間には土を小山のように盛って作られた古めかしい竈《かまど》があり、土間から少し高くなった六畳ほどの板の間には小さな囲炉裏もある。その土間の隅に手押しポンプの付いた井戸があるのに気付いて、先ほどまでの喉の渇きを思い出した。

ポンプの手押しのハンドルに、如何にも飲めと言わんばかりにアルミのコップがぶら下がっている。迷わず手を伸ばした。

ぶはあーっ、と一息に飲み干して大きく息を吐き出して。

はっきり覚えているのはそこまでで——。それから後は、只々幸福感に包まれていた。

その日から、その小屋で暮らした。罠を作って小動物を獲ったり、木の実などを採って食べた。腹一杯食べられた訳ではないが、どういうことか腹が減ったと思ったことはない。

小屋の中には幾つかの着物と毛皮の半纏《はんてん》まで置かれていて、暮らすのに何一つ不自由はない。時折、山の中を歩いていると、あの白い木の気配を感じた。

「ああ、あんたは山の神様なんだなぁ」

紛うことなく腑に落ちた。何も不思議はなかった。ただ幸せで、不安も憂《うれ》いもない。

そのうち罠を作らずとも動物が何処で死ぬかも分かるようになった。「ここで猪が死ぬなあ」と感じる場所へ行くと、怪我をして横たわった猪に出くわす、といった具合に。

日に日に感覚は研ぎ澄まされ、まるで山が己自身の身体のように思えた。多幸感は相変わらずで、巡る季節が何にも代え難いほどに美しかった。

いつか自分も、山と一体になり朽ちる。そのときはあの白い木と永遠に一つになれる。それはとても幸せなことだと、心の底からそう望んでいたのだ。

そんなある日のこと。山の中に気になる場所ができた。妙に胸騒ぎがする。喩えるならば、虫歯でもないのに突然歯が疼《うず》くようなそんな感覚だ。

どうにも落ち着かなくて、その場所に行って確認してみよう、そう思い立った。小屋の外へ出ると、そこへ繋がる道をあの白い木がまるで行かせまいとでもするように立ち塞がった。困惑した。そんなことは初めてだったのだ。だから余計、気になった。

白い木の気配は四六時中傍にあったが、明け方に少しではあるものの纏わりつかない時間帯がある。その時間を狙って外へ出た。気になって仕方がない場所へ急ぐ。

木が切り倒され、ぽっかりと広い空間ができあがっていた。何かもっと凄いものがあるに違いないと思っていたのに。酷く拍子抜けした。

「なぁんだ」

思わず落胆が口から零れ落ちた。確認したからにはもうここに用はない。森へ戻ろう。

違和感に愕然とした。戻れない。小屋の位置が分からない。今まで自分の手足のように感じていた山が突如、見知らぬ場所になった。

「おーい！　おおーい！」

必死で歩き回る。いつも傍らにあった白い木の気配が何処にもない。己が求めれば姿を現してくれたのに出てきてくれない。

這い回り、懸命に捜し回るうちに空模様が怪しくなってきた。やがて降り出した雨に体温と体力が奪われていく。これまで山の中をどれだけ移動しても疲労など感じたことはなかった。それなのに今は、歩く程に身体は鉛のように重くなって足が縺《もつ》れる。

「おーい、おおーいぃぃぃ……」

帰りたい。出てきてくれ。戻してくれ。お願いだ。頼む、頼む。俺が悪かった。

雨の中、蹲《うずくま》って泣きじゃくっているところを兄は保護された。五年が経っていた。

掛ける言葉もなかった。川村も両親も何も言えなかった。

「俺ぁ馬鹿だもんだから『凄ぇじゃん兄貴、神隠しじゃん』なんて言って」

――ああ、あれは神様だったんだろうな。

目を伏せてそう言った兄に、川村は何と言ったらいいのか分からなかった。

山芋やむかご、山菜等を口にしては「あの味と違う」と涙ぐむ以外は、兄はいつもと変わりない日常を送った。毎日仕事に行って帰ってくる、そんな日々だった。

「だから、安心しちまったんだわなぁ」

更に五年が経って、兄がいつもの時間に帰宅しなかったとき、家族全員が思ったのだ。

ああ、山に帰ったのだ、と。

山での生活を、幸せだったと言った兄が本当に幸せそうで。

「俺ぁ、あんな幸せそうな顔をした人間、今までに見たことがないんだ」

そうして現在に至るまで兄の行方は分からないままだ。

「不思議な、話ですね」

紗和はそう返すしかなかった。

「んだな」

川村はいつもの柔和な顔で笑った。


それから暫くは川村を呼ぶ現場はなかったため、紗和は川村と顔を合わせることがなかった。そういうことは珍しくはない。なので余り気にしてはいなかった。

だからある現場での溶接の職人の手配に、いつも通りに川村の名前を出したのだ。だが所長は首を横に振った。

「川村さんな、故郷に帰ったんだよ。前々から戻るつもりだったんだろうな。『山に帰るんだ』って」

「――山に？」

「老後は故郷の山でゆっくり暮らすってことじゃないの？　確か御両親とも山で行方不明になってるらしいしな」

ぞわり、と肌が粟立った。

行き先はまだ決まっていないからと、川村は連絡先を置いていかなかった。電話、あるかどうか分かんない。いつもの顔でそう笑って。

「まあそれくらい山奥ってことだろ」

所長はそう言って肩を竦めた。

川村は一体「何処の山」に帰ったのか。それっきり川村からの連絡はない。

# フキノトウ

東海地方に住む兼業猟師である交野さんは、とにかく里山が好きな方で、山中での感覚を忘れないためにも、週に二度は何らかの理由を付けては山に入るように習慣づけていた。

幸い、親戚が持っている山林だったこともあり、高齢な親戚連中の代わりに維持管理業務も請け負うという名目で、山の中で採れるものは全て交野さんの好きにして良いと寛大な許可を貰っていた。そのため、猟期以外は里山ツアーのガイドとして、定期的に友人を連れて山菜採りや茸狩りなどを企画するなど、ちょっとした小遣い稼ぎとして大いに田舎暮らしを満喫していたのだという。


天気の良い、十月のある日のことだ。

交野さんがよく登っている山には、椎や椚、栗などの実を落とす広葉樹が多く自生しており、ほどよく肥えた脂の甘い猪がよく獲れる場所だった。この肥沃な土地には椎茸や平茸、シメジや木耳《きくらげ》なども自生している。

そのような理由で、行楽シーズンとなればほぼ毎週末と言っていいほど交野さんはツアーガイドを行っていた。

その日も交野さんは古くからの友人二人を連れて、朝から山に入っていた。

滑り出しは順調だった。お決まりのように毒茸を採ってくる友人を揶揄《からか》いながら、ゆったりとしたペースで三時間ほど歩いた。元々、里山ツアー自体がちょっとしたハイキングのような催しだ。普段から狩猟で山の奥まで歩き慣れている交野さんにとって、この程度の軽い散策は、少しも気張らなくて良い遊びの延長程度のものでしかない。そんなこともあって、交野さん自身はリラックスしたものだったが、連れの友人、奥平さんと清水さんの息はかなり上がっているようだった。

「そろそろ、一旦休憩でも入れようか」

交野さんの声掛けに、友人二人は息も絶え絶えといった調子で勢い良く頷く。それではと、近くで腰を掛けられそうな倒木を探し、二人を呼ぼうと振り返った瞬間だった。

突然、パチッと電気を消したかのように、山の中が暗くなった。

どうしたのだろう。急に陽が陰ったのかと上を見上げると、とんでもない光景が目に入ってきた。

山の様子が、違う。

頭上に広がっているのは濃い緑の枝葉、視線を徐々に下ろせば目に飛び込んできたのは堅く真っすぐな幹。

檜だった。檜は針葉樹である。今まで歩いてきたのは、確かに椎や楢《なら》といった広葉樹の生えた林だったはずだ。

交野さんが生活している地方では、針葉樹と広葉樹が混在しているところはほぼない。つまり、目の前に針葉樹林が現れるといったことはあり得ないことだった。そもそも針葉樹林の多くが木材需要のために人工植樹されたものだ。少なくとも親戚が林業関係者に土地を貸しているというような話も聞いたことがなかった。

戸惑いを隠しきれず周りを見渡すも、檜林が何処までも続いていて、出口となる方角を見つけることができない。

様々な植物が好き勝手生えていた広葉樹林と違い、最小限の間隔で整列する檜の枝が空を覆っている。まだ昼間だというのに目の前の木々の輪郭がぼやけるほど薄暗い。

友人二人は「陰ってきたな」と呑気に呟いていたが、交野さんとしては気が気ではない。ここは、全く知らない、何処か別の山中なのだ。

山奥まで行く気がなかったこともあり、どうせ必要ないだろうと、コンパスも無線も何も持ってこなかった。幸い携帯電話は通じたものの、位置情報がおかしくなったのか、現在地が東北のある県を指している。交野さん達が入ったのは、自宅からもアクセスの良い、東海地方の山だったはずなのに、である。

パニックになる交野さんとは裏腹に、奥平さんと清水さんは何かに夢中になっている。茸でも見つけたようだ。「ここにも生えているぞ」という呑気なはしゃぎ声を聴きながら、異常事態に気付かない二人に交野さんは不条理ながらも苛立っていた。

「お前ら、一旦ここに戻ってこいよ」

声を荒らげた交野さんに対して、渋々、といった様子で二人は戻ってきた。

年甲斐もなく、何はしゃいでいるんだ。そう追い打ちを掛けようと思った瞬間、二人が提げているビニール袋の中身を何げなく見て、交野さんは凍り付いた。黄緑色の丸い植物が入っている。二人からビニール袋をひったくり、中身を検《あらた》める。

紛れもなくフキノトウだった。

「おい、こんなの何処に生えていたんだよ」

「あの、奥のほうだよ」

詰問口調の交野さんに対し、少し押され気味の清水さんがおずおずと茂みの奥を指差した。薄暗くてよくは見えないが、確かに他にもフキノトウらしきものが生えているのが視認できた。

しかし――。

「あり得ないだろ。今、十月だぞ」

起きていることの異常さに気が付けないのか、奥平さんは「何怒ってんだよ」と笑う。

「いいから。それ、捨ててこいよ！」

必死な交野さんの形相に只事ではないと恐れを為したのか、奥平さんが清水さんからビニール袋を預かると、元あった場所まで一人、駆け出していった。

「とにかく、何か変なんだよ。迷ったかもしれない。不用意に動くなよ」

「迷ったって、まさか遭難したってことか？」

漸く事態が把握できたのか慌て出した二人に対して、交野さんは今の状況を上手く説明できないでいた。

当然だ。別の山へテレポートしたかもしれないなんて、言ったところで信じるはずがない。自分でも信じられないことなのだ。

「とりあえず、もう少し足場の良いところまで出てから考えよう」

仕方なく、僅かに見える獣道を辿りながら五分ほど歩いたときだった。急にまたパチッと電気を点けたかのように視界が明るくなった。

ギョッとして頭上を見上げると、そこには見知ったブナの林がある。確かに、歩き慣れているいつもの山の光景だ。しかし、後ろを振り返れば先ほど抜けてきた檜林が黒々と連なっている。

異界。唐突に、嫌な言葉が頭をよぎった。

流石に、辿ってきた道と現在立っている場所の木々の色の明暗がくっきりと分かれていることを不気味に感じたのか、友人らも早く下山したいと言い出した。交野さんもこのままでは取り込まれてしまう予感がして、道が開いているうちにと早足で逃げ出した。

車を置いてきた場所まで戻り、時計を確認すると、何故か時刻は午前十時を少し過ぎたところだった。入山したのは午前八時。少なくとも往復で五時間は掛かっているはずなのに、全く時間の計算が合わないのだ。

ここにきて、漸くとんでもないことに巻き込まれていたと実感したのか、三人共々身を寄せて震えあがった。

ただ、何にせよ無事に戻れたことには変わりがない。お目当ての茸はちゃんと手元にある。過ぎてしまえば恐ろしい経験だったが、それと同時に、何だか山の神秘的な瞬間に立ち会ったような感覚がして、震えが落ち着くにつれ、寧ろ笑いがこみあげてきてしまった。

これは、是非とも次に会ったときに話の肴にしよう。妙な高揚感を抱えたまま、その日は三人それぞれ家路に就いた。

しかしその翌々日から、交野さんは奥平さんと連絡が取れなくなってしまった。理由が分からない。家の電話に連絡しても、誰も出ない。留守番電話にも切り替わらない。交野さんは、妙な胸騒ぎがした。

連絡が途絶える前日、山に登った次の日の晩に、交野さんは奥平さんと電話で会話をしていた。曰く、妻と奥平さん、そして彼の御両親の四人で、山で採れたものを天麩羅《てんぷら》にして存分に食べたのだという。

「とても四人じゃ食いきれない量だった。人生で最も美味しかった。また行こう」

ひょっとしたら、食べた茸の中に毒茸が混じっていたのではないか。交野さんは血の気が引く思いがした。

いても立ってもいられず、交野さんは奥平さんの家へと急いだ。

田舎特有のものなのか、案の定、玄関の鍵は掛かっていない。

「奥平さん、入るよ」

念のために一言断ってから中に入ると、強い油の匂いが漂ってきた。放置されたまま悪くなった油の匂いだとすぐに分かった。机の上には、食べ残した天麩羅にラップフィルムが掛けられてある。何げなくそれを見やると、その中に黄緑色の丸いものがあった。

――あいつ。まさか、捨てる振りをして持って帰ったのか。

胸騒ぎがした。流石に家の中を勝手に見て回るのはマナー違反だとは分かっていたが、寝室の襖《ふすま》へ手を掛けずにはいられなかった。もしかしたら、既に事切れている可能性だってあるのだ。

しかしながら、祈るような思いで覗いた先には、ただ空っぽの布団が対になって並んでいるだけだった。

誰もいない。慌てて奥の間を覗く。こちらは奥平さんの両親の部屋のようだ。

だがやはり、同様に布団が並べて置いてあるだけで人の姿はなかった。

ひとまず、中毒死だけはないようだ。胸を撫で下ろすが、本人達は何処に行ったのだろう。買い物に出かけてでもいるのだろうか。何だか釈然としない気持ちのまま家を出て、庭を通り抜けようとした瞬間、ギョッとした。濃い緑色の植物が、まるで庭を埋め尽くすかのようにぎっしりと生えていた。蕗《ふき》だった。

奥平さんの妻はガーデニングが趣味だった。蕗をこんな乱雑な状態にしておくはずがない。

そのとき、風が吹いた。ざぁっと音を立てて蕗が揺れる。それと同時に、足元にコロコロと転がる茶色いものが見えた。檜の実だった。何故か噎《む》せ返るような緑の匂いが鼻を衝いた。視界が、段々と暗くなっていく。

まずい！

迫る山の気配から逃れるように、交野さんは這《ほ》う這うの体《てい》で逃げ出した。

それ以降、現在まで奥平さん含め、家の人とは連絡が取れていない。大方夜逃げだろうと集落の人間は噂をしている。だが、今では蔦に呑まれて半壊した奥平さんの家を見かけるたびに、交野さんはあの暗い暗い木々の中で迷い続ける奥平さんの姿が脳裏に過《よ》ぎるのだという。

# 二つの道

狩猟において大切なことは何かと、ベテラン猟師の久慈さんに訊ねたことがある。

彼からは、どれだけ獣の痕跡を見つけることができるかが肝心だという答えを頂いた。所謂、フィールドサインという奴だ。

狩猟においては環境省や農林水産省が「鳥獣保護管理法」で定めている狩猟可能鳥獣をきちんと見分け、適法な手段で捕獲する技術が必要となる。しかし、これもまた随分と細かい規定があるため全て覚えるのはなかなか大変だ。

例えば、イタチに関してだが、チョウセンイタチは雌雄ともに捕獲可能だが、日本固有種であるニホンイタチに関してはオスしか獲ってはいけない規定がある。雌雄の見分け方は身体の大きさと体毛の濃淡だけなので、捕獲してからでないと判別が付かない。ニホンジカは捕獲可能だがニホンカモシカは駄目。タイワンリスは良いけど、ニホンリスは駄目、しかしシマリスは捕獲可能。鳥類に至っては、更に種類も多く識別も複雑だ。

だからこそ大切なのは、フィールドに残った痕跡をしっかりと確認し覚えていくことなのだ。繊維質で大きめの分節した糞ならば猪。千切られた小枝や樹皮が毛羽だった杉ならニホンモモンガだろうか。いや、落ちている糞が楕円形だから、ムササビだろう。雪上に赤い尿があれば、繁殖期の野うさぎのメスかもしれない――。

そして久慈さん曰く、狩猟においては、闇雲に山の中に入っていくことはしないのだという。そんなことをすれば、あっという間に帰路を見失ってしまう。だからこそ、獣道を見つけ、それを追うのが重要なのだ。

小型、中型動物が通るくらいの細い道の場合は、発見することすら困難だ。ササが食われていたり、踏まれていたりするほどの痕跡だが、これこそが獣道の始まりとなる。一度獣道ができると利用頻度が高まり、いつか大型の鹿や猪、熊なども通るようになる。獣道近くにはヌタ場と呼ばれる泥浴びやマーキングの跡地ができる。獣道を中心に、山の営みが見られるようになる。

久慈さんは、ぶっきらぼうながら、このような狩猟のノウハウを教え込んでくれた。

彼は猟の大ベテランではあるものの、私生活はなかなかの破天荒振りだった。専業猟師であり、有害鳥獣駆除等でかなりの額を稼ぐが、その殆どを酒代と風俗で使ってしまい、宵越しにはすっからかんで過ごすことがままあった。

そもそも粗暴なタイプで、清潔感もない。正直なところ、街で見かければ敬遠してしまうような人物だった。

しかし、久慈さん自身によれば、「わざと俗っぽく生きてんだよ」とのことだった。

どうやら理由があるらしい。


だいぶ昔のことだという。

久慈さんが猟をする山へ定期的に訪れていたのが、日本の里山や自然環境の研究をしている人々だった。彼らは生態系維持研究の一環で、度々狩猟に同行することもあった。

猟においては、その日に獲物が獲れるかどうかは行ってみなくては分からない。博打的な側面があるのだ。今でこそ単独で狩猟をしている久慈さんだが、若い時分は、集団で獣を追いこむ巻き猟と言われる猟をよく行っていた。巻き猟であれば、犬が獣を追いこんでくれる。

そんな猟のスタイルに興味を持ったのか、中でも、久慈さんの元に頻繁に姿を見せていたのが槙野さんという男性だった。

二十代後半の槙野さんは、大学で動植物の共生について研究しているとのことだった。

如何にも温室育ち、といった感じで、案内役を指名された久慈さんとは相容れない雰囲気を持った人物だった。

実際、槙野さんはかなり恵まれた家庭の出身で、自身の興味のある生態系研究を大学院に残って続けられるくらいの財力や後ろ盾があった。しかし真に恵まれているからか、本当に穏やかな性格で、人を羨《うらや》んだり蔑《さげす》んだりしない。

彼は所謂「できた人間」だった。猟をする人間の中には粗暴な者も多い。故に、嫌味を言われたり小突かれたり、時には装備を強奪に近い形で強請られることすらあった。

しかしそんな体験をしても、槙野さんは、ずっと変わらずニコニコしていたという。その「できた人間っぷり」に久慈さんは薄ら寒いものを感じていた。

それというのも、槙野さんは性格だけでなく、見た目も中性的な美しさがあったし、生傷が絶えない作業をしているというのに、肌は白く滑らかで明らかに浮き世離れした雰囲気があったのだ。

しかしそんな久慈さんの考えとは裏腹に、槙野さんはやけに久慈さんへ懐いていた。巻き猟だけでなく、普段の山仕事や罠猟も見たいということで、その熱心な様子に久慈さんも根負けして、山への同行を許してしまった。

山に入る際、久慈さんは常々「きちんと獣の痕跡を見て、それを辿れ」という鉄の掟を槙野さんに厭《いや》というほど教え込んだという。

だが、道を逸れてしまったら、もう戻れないぞと何度言ったところで、槙野さんはこの「痕跡を辿る」というのが絶望的に下手だった。

その日もそうだった。見ていないとすぐに獣道を逸れて藪の中へ分け入ってしまう槙野さんに、久慈さんは終始やきもきしていた。

明らかに道を外れたほうが歩き難いというのに、何故か彼は獣道を外れてしまうのだ。

「お前、危ないって言っただろう！　きちんと痕跡を見ろ」

久慈さんがそう怒鳴ると、槙野さんは本当に申し訳がないといった調子で謝る。

「すみません、途中で何故か別のほうに道が見えてしまうんです」

そう言う槙野さんの顔は、ふざけているようには見えなかった。

どうしても道を外れてしまう。さらに、別の道が見えている――そういう変なことが起きたときは、絶対に山から下りたほうがいい。できるなら、山にも近付かないほうがいい。

そう説得するも、槙野さんは、頑として聞かなかった。

道を逸れ続ける槙野さんに対して、仕方なく、久慈さんは自身の服の裾を掴ませた。まるで幼児にそうさせるように。

何があっても絶対に掴んで離さないこと。それを条件に山歩きは続行となった。既に陽は落ちていたし、到底槙野さん一人では山を下ろせなかったのだ。

暫くは順調だった。服を掴む感覚がきちんと伝わってきていたからだ。しかし、久慈さんの疲労が蓄積するのと同時に、段々妙な感覚が湧き上がってきた。今振り返って、ちゃんと服の裾を掴んでいるのは本当に槙野さんなのだろうか。

疑念。疑惑。

「おい、ちゃんと付いてきているのか」

「大丈夫です、いますよ」

久慈さんの問い掛けに、槙野さんの快活そうな答えが返ってくる。

しかし、とても厭な感じが蟠《わだかま》る。自身の後ろにいるのは、人間ではなく、何か得体の知れないもののような気がしてきた。

こんなことは初めてだった。

「槙野」

もう一度呼びかけようとした瞬間、思わず足元の石を踏んで転んでしまった。慌てて立ち上がる。慌てて後ろを振り返る。誰もいない。背が凍る思いだった。

「槙野！」

　呼びかけると、すぐ横から「はい、いますよ」と声が聞こえた。そちらに目をやると、槙野さんが立っていた。しかしそこは、明らかに獣道ではない。完全に藪の中だった。

　思わず言葉を飲み込む。槙野さんの右腕が、何かを掴んでいた。まるで服の裾のようなものを。

「はい。大丈夫です。行けますよ」

　そう言って槙野さんが歩き出す。久慈さんが「槙野！」と叫んでも応えない。何か雑談をしている様子で遠ざかっていく。

　思わず、手元にあった石を投げつけた。石は真っすぐ飛んで、槙野さんの近くの木の幹にぶつかった。コーンと響く大きな音に、槙野さんは驚いたように振り返った。

　漸く二人の目が合った。驚いたように見開かれた瞳。彼はそのまま、顔を真っすぐ前に向けると、目の前にいるものをずーっと上まで見上げ、今にも泣き出しそうな顔になった。

　静かだった。虫の声も、木々のざわめきも聞こえなかった。

　どれくらい時間が経っただろうか。

　槙野さんは一言二言、「はい、はい」と返事をしたかと思えば、そのままゆっくりと山の奥のほうへ向かって歩き出した。そちらには足場などないはずなのに、随分しっかりとした足取りだった。

久慈さんはどうにか槙野さんに追いつこうとしたが、無理だった。そこには全く道が見当たらなかったのだ。踏みしめた痕跡も、何もかも。

山の中には無数の生物がいる。自分も何億、何兆の中の一匹だ。そう久慈さんは煙草を吹かしながら独り言のように呟いた。

「よく動物の命を奪うのに躊躇《ちゅうちょ》するか、と訊かれるが、感覚が違う。一方的に奪うんじゃない。一匹対一匹、命の奪い合いに勝っただけだ。勝利の先の報酬なんだよ」

そう続ける久慈さんの顔は、随分と難しい表情をしていた。

山の中には妙なものがいる。それは一般的に姿を見ることはできないものの、定義を変えれば山を構成する一個の存在なのだろう。だから、彼らには彼らの道があるのかもしれない。

人間は意地汚い実体があるから、追うなら獣道だ。しかし、うっかりそちらの、実体を持たないものの道に迷い込んでしまう者もいる。

身が清らかすぎると、向こう側の誘いを受けてしまう。山には霊と獣がいる。どちらの道を歩くか、自分で決めなきゃならない。

「あいつは自分で道を決めちまったんだろうよ」

そう言うと、久慈さんは手元の酒を呷《あお》った。

# 著者あとがき

## つくね乱蔵

山は怖い出来事が多すぎます。登るなんてとんでもない。

遠くから眺めるのが一番です。

山の話を聞くたびに、山から遠ざかっています。海の話を聞くたびに、海から遠ざかっています。部屋で起きる怪異を聞くたびに、逃げ場所がなくなっています。

今回も奇譚のルポルタージュを記録できました。関係各位に謝辞を。この奇譚、まだ根は深いようです。

## 神沼三平太

いつもそこに存在している山が表情を変える瞬間というのはあります。一体そのとき、どのような力が働き、現場では何が起きているんでしょうね。

恐怖箱初参加が山の話で嬉しいです。山育ちですが、つくづく山は怖い場所だと感じます。

## 久田樹生

山が怖い場所にならないよう、山との付き合い方を慎重に考えるべきだと思うのです。

## 服部義史

重度の腰痛持ちの僕は山は眺めるものとしています。ちっとも怖くないです。

## 若本衣織

しなの・アルプス・秩父。卒業した中学はクラス名が山の名前でした。修学旅行は八甲田山。マイ登山靴を購入しましたっけ。現在は日光連山のお膝元に居住。好きです、山。

## 高田公太

## 松本エムザ

**渡部正和**
**ねこや堂**
**内藤駆**
**橘百花**
**高野真**
**三雲央**
**おかぴー**
**斉木京**
**加藤一**

子供の頃から山は身近な存在でした。もちろん全国的には無名の低山に過ぎませんが、幼心にも拘らず、どことなく畏怖のような念が芽生えていたことを思い出しました。

実家は山の中の一軒家だと思っていたのですが、山ではなく高台だったことに大人になってから気付きました。今は住宅地の中の一軒になっています。場所は変わってないのに。

私は本格的な登山はしたことはありませんが、いつか挑戦したいと思います。そのときは願わくば怪異に遭遇しませんように……。

富士山の近くまで行く機会が年に数回あるのですが、いつも雨。

一度は登ってみたいですが、嫌な予感しかしないです。

名もなき山でもその峰一つ一つに人々の暮らしが、信仰が、そして怪異があるのですね。日本の国土面積の三分の二は森林（≒山）な訳で、そう考えると……。

山には直接足を踏み入れずに、遠くから眺め見てそれだけで満たされる派です。海に対しても似たようなスタンスです。

子供の頃――浜松の奥山にあるお寺でお地蔵様にジーッと観察されたのが、僕の記憶にある初めての怪奇体験です。楽しいと怖いを両方くれるのが山なのでしょうか。

今回、初めて恐怖箱シリーズに参加させて頂き大変光栄です。山林が舞台となる怪談実話は大好きなので、これからも深めてまいります。

小学生の時分、富士山に登る機会が一度だけありました。よし、登るぞ――という当日、大沢崩れの崩落事故が起こり、登山中止。以来、富士登山とは無縁な静岡出身者です。

本書の実話怪談記事は、恐怖箱 霊山のために新たに取材されたものなどを中心に構成されています。快く取材に応じていただいた方々、体験談を提供していただいた方々に感謝の意を述べるとともに、本書の作成に関わられた関係者各位の無事をお祈り申し上げます。

あなたの体験談をお待ちしています
http://www.chokowa.com/cgi/toukou/

**恐怖箱公式サイト**
http://www.kyofubako.com/

# 恐怖箱 霊山


2022年7月6日　初版第一刷発行

編著……加藤 一
共著……つくね乱蔵／神沼三平太／久田樹生／服部義史／若本衣織／高田公太／松本エムザ／渡部正和／ねこや堂／内藤 駆／橘 百花／高野 真／三雲 央／おがぴー／斉木 京
カバーデザイン……橋元浩明（sowhat.Inc）

発行人……後藤明信
発行所……株式会社　竹書房
〒102-0075　東京都千代田区三番町8-1　三番町東急ビル6F
email: info@takeshobo.co.jp
http://www.takeshobo.co.jp
印刷・製本……中央精版印刷株式会社